実存思想協会編

ショーペンハウアーと実存思想

実存思想論集 XXXIII

（第二期　第二五号）

理　想　社

2018年

ショーペンハウアーと実存思想

目次

カット　佐藤忠良

執筆者紹介

鎌田康男　関西学院大学名誉教授
伊藤貴雄　創価大学教授
齋藤智志　杏林大学教授
伊原木大祐　北九州市立大学教授
須藤孝也　一橋大学非常勤講師
横山陸　日本学術振興会特別研究員（一橋大学）
小平健太　立教大学大学院研究生
阿部里加　一橋大学大学院社会学研究科特別研究員
石田寛子　上智大学短期大学部非常勤講師
上田圭委子　首都大学東京非常勤講師
岡田聡　立教大学兼任講師
稲垣諭　東洋大学教授
田鍋良臣　大谷大学真宗総合研究所特別研究員
宮坂和男　広島修道大学教授
鬼頭葉子　長野工業高等専門学校准教授

ショーペンハウアー哲学の誕生とその時代

鎌田康男

I　社会史的・哲学史的背景

通俗的ショーペンハウアー解釈においては、意志とは世界の根源的実体であり、知性を欠いた、盲目の世界創造者（神）のようなものであるとされることが多い。このような視点からみれば、彼の哲学には数え切れない矛盾が見出されることになり、それが後世の評価の低下に繋がった。

これに対して、筆者の解釈は、意志、表象、身体、プラトン的イデーなどの基本概念を、初期草稿や『充足根拠律の四方向に分岐した根について』（一八一三年）、『意志と表象としての世界』（一八一九年）などに依拠しつつ、当時の時代背景、ことにカントおよびドイツ観念論の問題地平から再構成しようとするものである(1)。

一八世紀末は革命の時代であった。伝統的共同体の安定化を目指す旧体制に対し、政治革命としてのフランス革命、経済革命としての産業革命と同じ頃、カントは経験の可能性の制約への問いを前面に押し出しつつ実体形而上学的物自体を経験の限界へと追放し、人間理性の権能の範囲内で理論的に認識し、実践的に規定できる「現象」を対象とする哲学的新体制の基礎を築いたのである。

ヨーロッパ諸国や新興アメリカと取引する貿易商の父ハインリヒ・フローリス・ショーペンハウアーからアルトゥーアは、意志の自由を尊び既成の価値観を批判する姿勢を学んだ。伝統的な環境に育ち、自由に憧れた多くの同時代人とは異なり、彼にとっては自明なものであった新体制的な意志の思想が批判と克服との対象になっていったことは容易に想像できるであろう。

Ⅱ　表象論——表象の四種類

ショーペンハウアーにおける表象の根本規定は「主観に対する客観」ということである。

> われわれの意識は感性、悟性、理性として現れるにあたって、主観と客観とに分かれており、それ以外の要素は含まれない。主観にとっての客観であるということと、われわれの表象であるということとは同一である。(Diss, 18 [23])

> 存在するとは、主観にとっての客観である、あるいは客観にとっての主観である、ということ以上の意味はない。(HNI, 26)

> 表象されることなしに存在する物自体、すなわち表象とはなにか異なる仕方で存在するという物自体、そういうものを表象するというのは、矛盾の極みというものである。(HNI, 96)

『根拠律』において表象は四つに分類される。これは広義の表象能力が四つに分類されるのと対応している。すなわち、(1) 経験を構成する表象、これに対応するのが悟性である。(2) 概念、これに対応するのは理性である。(3) 純粋直観、これに対応するのは感性である。なお、通常の経験的直観は、(1) の経験を構成する表象のところで悟性的認識の一部として統一的に扱われている。(4) 自己意識の自発性の表象、これに対応するのは意志である。これらの用語は基本的にカント哲学を踏襲しているが、個々の概念の意味するところには、多少の違いがあるので注意が必要である。本章においては、「意志と表象としての世界」を支える表象と意志に対応する (1) 経験を構成する表象、および (4) 意志に対応する表象に焦点を当てながら簡潔に述べてみたい。

1　経験を構成する表象と悟性

この表象の第一類では、三つの表象の形態が取り上げられる。

① 経験の全体を構成する十全 (=形式と実質とを具備) で判明な表象の直接的現在、および経験全体の可能的表象 (全体表象) の相互的関係により、経験全体の形式的統一性と安定性とが保証されている。

内感と外感の形式、つまり時間と空間とは、悟性を介して、一つの全体表象へと統一されるのだが、主観は直接にはただ内感だけを通して認識する。その場合、外感自身がさらに内感の客観であり、外感の知覚自身をさらに内感が知覚することになる。それゆえ表象が主観の意識の中に直接に現在するという点では、主観は内感形式である時間だけに従っている。従って、主観に一度に現在できるのはただ一つの判明な表象だけである。……こうしてある一つの表象が消え、他の表象がそれにとって代わるということがたえず繰り返される。……これらの表象は主観の意識に直接に現在するという点で、個々ばらばらなものであり、たえず過ぎ去っていく。それにもかかわらず、先に述べた悟性の働きによって、主観には経験の全体という表象が残っている。(Diss, 23f [31])

ショーペンハウアーの内感、外感に関する理解は、カントを基本的に継承している(Vgl. B37, B51, A98f)。ここで「経験の全体という表象」は、時間空間因果性によって秩序立てられた経験全体を構成する諸表象の共存関係を含むので、表象の継続(Sukzession)[2] のみを認識する内感に直接現前することはできず、悟性によって構成された表象である、とされる。つまり、経験全体という表象は、各瞬間に現在した表象の残像の継続的総合としてレーダー・ディスプレイ上に描かれた風景のようなものである。これら、内感における明瞭な表象の現在(Vorgestelltwerden κατ᾽ ἐξοχην)と、外感の表象として想定される可能的経験の全体の表象(Vorgestelltwerdenkönnen κατά δυναμιν)という二種の表象の相互的な関係によって、私たちの経験が成立し、一定の法則性(因果律)に従って恒常性と安定性とを保っているのである。ただし一般には、表象作用の背景をなしているにすぎない全体表象の方が実在的なものと考えられ、意識に直接現在し経験的対象の実質を提供している明晰判明な表象が単なる表象であると誤解されてきたと彼は指摘している(Vgl. Diss, 23f [31-32])。

② 直接的客観と身体

上述の二種の表象のうち「表象の直接的現在」は、内感に直接現在する限りにおいて、認識の主観にとってその時々の、直接にして唯一の客観である。しかしそれは細切れの表象の現在をあとからつなぎ合わせたものではない。認識主観はそれを、唯一の直接的客観の状態――カントでは、心意識ないし感性の変容（Modifikation des Gemüts, A 97/der Sinnlichkeit, B 178）に相当――の連続として認識する。[3] 他方で直接的客観はまた経験の全体（全体表象）にも関係し、経験の全体を構成する表象を間接的に（間接的客観として）認識主観へと媒介する。それはつまり直接的客観が経験の全体の内に固有の位置を占め、間接的諸客観への関係の中に身を置きつつ、同時に表象の直接的現在という意識の中心点でもあり続ける、ということである。こうして直接的客観は、二種の表象の相互関係を媒介しつつ、経験の可能性の制約としての役割を担う。直接的客観はいわば三次元座標系における原点の位置を占め、さまざまな間接的客観をみずからとの位置関係によって測りながら、この位置関係を脱中心化することによって間接的客観相互の関係（経験全体の表象）をも認識することを可能にするのである。このような、直接的客観と間接的客観との両方の特性を具備しつつ両者を媒介する特権的な表象こそが「身体」と呼ばれるのである（Vgl. Diss, 25–27 [34–36]）。

　典型的な近代市民の環境に育ったショーペンハウアーは、伝統的思考においては実在的なものとして受けいれられてきた経験の全体の表象よりも、自己意識に直接現在する表象の優位を認める。ここにも既成の存在秩序――政治的、経済的、精神的秩序を含む旧体制よりも、新たな存在秩序を構築実現する自己意識の自発性、自己決定の意志を重視する新体制の思考が見て取られる。

　③　ファンタスマ――十全であるが、直接的客観において現在しない（身体に媒介されない）表象。これは上記①の十全な経験の全体を構成する判明な表象という条件を満たさない表象である（Vgl. Diss, 27–29 [36–38]）。この段階ではファンタスマは、夢や想像のように経験を構成できない表象――というネガティヴな意味において扱われるが、後（本稿Ⅱ４参照）に見るように、意志との関連では重要な役割を果たすことになる。

続いて、意志に対応する表象に移る前に、残りの第二、第三類の表象についても、以下の論に関係する部分だけ簡単に触れておく。

２　概念と理性

身体を媒介として意識に現在する経験の対象から特定の特徴を選び出して（抽象して）概念を形成し、複雑な多様性を単純化することによって、多くの対象を包括的かつ効率的に認識したり、概念相互を関連づけたり操作したり（判断）することができるようになる。そのような概念の能力をショーペンハウアーは理性と呼んでいる。経験の対象（表象）の抽象によってえられた概念は「表象の表象」とも呼ばれる（Vgl. Diss, 49-51 [67-70]）。しかし理性は、ここで扱われる経験の対象の一般化と差異化に関わるだけではなく、哲学的思惟全般にも関わる能力として扱われている。すなわち『根拠律』冒頭において彼は、「哲学的思索、それどころかあらゆる知識一般の方法」に関する規則として「同質性の法則と特殊化の法則」とをあげている（Diss, 3-4 [3-4]）。このことは、理性が『根拠律』の第五章で示されるような抽象概念の形成と判断、という経験認識の枠内における役割を超えて、哲学的思索、カント哲学を継承するショーペンハウアーにおいてはことに、経験的認識および経験的対象の可能性の制約を問う超越論哲学的な思索の法則としての役割をも果たすことが示される。このような意味における理性を本稿では便宜上「超越論的理性」と呼び、経験の対象の抽象による概念形成および判断に関わる限りでの理性を「経験的理性」と呼んで区別することとする。『根拠律』においては用語的な混乱を避けるためであろうか、上記の「同質性の法則と特殊化の法則」は明示的に理性と名づけられていないが、それが哲学的思索の基本法則であるなら、それこそが本来的な意味で理性の法則と呼ぶにふさわしいだろう。

ショーペンハウアーは経験的理性による抽象概念の形成を、特定の関心に導かれた営為と考えており（Vgl. HNI, 11）、後には認識を意志の道具とまで呼ぶことになる（Vgl. WI, 179［I 27］）のだが、これに対して第二類および第三類において言及されるプラトン的イデーが、ファンタスマでありながら普遍概念と同等の代表象であることの認定（Vgl. Diss, 51-52［70-71］, 62-63［85-87］）には同質性の法則が応用されていると考えられること、そして一八一四年以降、「プラトン的イデーは、理性が普遍性の認証をしたファンタスマである」(4)と規定され、このプラトン的イデーは、意志が一時的に鎮静された観照の状態において認識される（Vgl. WI, 231f［II 66-67］）、と述べられていることなどから、理性は実質的に超越論的理性と経験的理性とへ区別（特殊化）され使い分けられていたことが分かる。(5)同様の区別は、後述のように、意志概念の理解においても重要である。

一般にショーペンハウアーは、重要な用語を多義的に用いる傾向が強いので、解釈にあたっては各概念の一義的な定義を前提とするのではなく、異なる用法の同質性と特殊化の両側面から十分に吟味する必要がある。

3　直観の形式にアプリオリに与えられる純粋直観

感性的直観の純粋形式である時間と空間とは内容空虚な形式としては認識不可能だが、経験によらずにアプリオリに実質が与えられることによって充たされ、認識の対象（純粋直観）となる。幾何学の証明などにおいて純粋直観において描かれる想像上の図形——例えば三角形の範型としての不等辺三角形——は経験世界には実在しない。ショーペンハウアーはそれを標準直観（Normalanschauung）と名づける。「標準直観はあらゆる経験の基準となり、それゆえ〈概念にもある包括性〉と〈個々の表象が例外なく有する何らかの規定性〉とを合わせ持った図形と数とのことである。実際標準直観は現実の表象として余すところなく規定されており、そうした意味では、規定されていないままであるがゆえの普遍性を持つ余地は全くないが、それにもかかわらずやはり普遍的なのである。なぜなら、標準直観はそれぞれ、あらゆる個々の現象の〈原型〉だからである。すなわち標準直観は、その各々が対応する実在的客観一切の原型としての効力を持つのである。[6]」ここから後に重要概念となるプラトン的イデーの構想が紡ぎ出される。

プラトン的イデーはおそらく、標準直観であると言える。それは数学的標準直観のように形式的なものに有効であるだけではなく、十全な表象の実質にも有効であり、それゆえ〔それ自身〕十全な表象としてあますところなく規定されているが、しかし同時に、概念と同様多くのものを総括しているもののようである。これを本論文第二九節での説明に従って換言すれば、イデーは概念の代わりをするもの〔概念の代表象〕であるが、しかし〔総括的という点では〕概念と同等である、ということになる。[7]

4　意志に対応する表象――内感における自発性の表象

従来の実体形而上学的理解とは異質で、とまどわれる読者もおられるかも知れないが、『根拠律』は「意志」概念を次のように導入する。

表象能力の対象の類としてわれわれの考察になお残されている最後のものは、ただひとつの客観だけを含む。すなわちそれは、内感の直接的客観、つまり意志の主体である。これは認識する主観にとっての客観ではあるが、ただし内感に与えられるだけでありしたがってそれは空間の内にではなくただ時間の内に、それ

も、これから見てゆくように、著しい制限を伴って現れるにすぎない。（Diss, 68 [93]）

この短いパッセージには、ショーペンハウアーの意志理解の根幹をなす思想が含まれている。ここで「内感の直接的客観」とは、上の「1　経験を構成する表象と悟性」に属する三つの重要な表象の形態のうちの「②直接的客観」と同一のものである。そこでは、間接的客観との関係において直接的客観が身体と呼ばれることを示した。そこで今度は、この直接的客観が内感の直接的客観であることに注目してみよう。

上述のように内感において、状態を変えながら連続する直接的客観には共存がありえないので、直接的客観が認識の主観に対する別の、同時に共存するものとして意識されることはない。そのような区別と共存の認識は、内感の形式である時間に外感の形式である空間をあわせ統合する因果性のもとで「悟性推理」[8]が発動することによって初めて可能となる。悟性推理とは、内包量の連続でしかありえない内感の直接的客観が、その客観の根拠として空間的に共存する客観を直接に推論することであり、カントにおいては経験のアナロジーに相当する。空間におけるその客観をアナロジーによって推論するということは、自存性（Subsistenz）が客観それ自体に帰属するのではなく、悟性によって付与され、経験の全体を構成する範囲内、という制限付きで認められたものにすぎない。それゆえに経験の全体の表象は可能的と呼ばれたのである（本稿Ⅱ1①参照）。世界は徹頭徹尾表象であり、表象としての世界の彼方の外界は存在しない（Vgl. WI, 1 [I5], Diss, 18 [23-24]）。また、内感（自己意識）においては、認識の主観に継続する意識の流れと、直接的客観（意志の主体）における状態の連続とは直接に地続きであり、切れ目ない統一をなしている[9]。この統一を他のなにものかの触発によって受動的に生じたと表象することはありえず、自分自身において生じたと感じ取られるほかない。

それゆえ上の導入的なパッセージに続いてショーペンハウアーは次のように述べるのである。

主観は意欲するもの、すなわち自発性としては認識されるが、しかし認識するものとしては認識されない。

この箇所は、『純粋理性批判』の内感における自発性の思想（Vgl. B 157f. Anm.）にも通じるものと考えられるが、この自発性を「意志」と呼ぶからには、この概念は、経験的認識および経験の対象の可能性の制約を論じる超越論哲学的な問題として論じられているのである。従来の解釈では、この点は見過ごされてきた。これに対してカントの実践哲学で展開される意志論は、経験の可能性の制約に関わるものではなく、むしろすでに確立したものと見なされる限りでの経験的世界（自然の王国）の秩序を前提とした上で、それを実践的意図において、人倫の王国としてどのように意味づけ規定するのかという問いに向けられている。しかしショーペンハウアーによれば、倫理学もまた理論哲学と同様、経験の可能性の制約を問う超越論哲学的なレベルにおいて基礎づけられなければならないのである。[10] ここにカントの実践理性に基づく道徳論に対する彼の批判の源泉があると言えるだろう。なお、「自発性」を「意志」と等置するきっかけや、「身体」概念の形成にあたっては、フィヒテの影響が想定される。[11] しかし実際の意志概念の形成および展開にあたっては、彼はカントの超越論哲学により近い立場を取ることになった。

思惟の自発性としての意志は「注意（Aufmerksamkeit）」（Vgl. Diss. 80［111］; vgl. B157f. Anm.）として、あらゆる表象作用を支えている。すなわち自己意識（内感）のレベルで認識主観をしてある特定のもの（表象）に注意を向けさせ、その表象を内感に現在させることで、経験認識を起動する。もちろんそのような使役的な表現は、後付け的な反省によるものであって、上述のように内感において認識主観と意志の主体とは切れ目ない統一をなしており、意識（内感）においては注意、起動といった自発性に関するただ一つの判明な表象のみが現在するのである。(12)

自発的に生じる内感の表象の直接的現在の連続が、表象の実質の連続としてよりも表象作用の継続として反省された場合、認識の主観によって自発性の担い手、意志の主体として表象される。このようにして認識主観は、自らを意志の主体として（のみ）認識する。

直接的客観は第一類の表象の章で、経験の全体を構成する間接的客観の媒介者として叙述され、身体と呼ばれた。第四類の表象の章では直接的客観は内感のできごととして叙述され、意志の主体と呼ばれることとなった。ここから当然、意志と身体との関係が問題になるはずだが、『根拠律』においてはこれ以上立ち入らない。翌一八一四年以降、ショーペンハウアーは両者の関係を「身体は意志の可視性、客観性（Sichtbarkeit, Objektität）である」（HNI, 174 u. a.）と表現することになる。しかし意志と身体のこのような関連づけは、以上よりすでに予想できるものである。

ここで確認すべきは、同じ「直接的客観」という表現を用いても、その「直接」の意味するところが二義的であるということである。身体と呼ばれる場合の直接的客観の直接性は、直接的客観に媒介され、経験の全体を構成する間接的客観との相関性において言われる直接性であるのに対し、意志の主体と呼ばれる場合の直接的客観の直接性とは、認識主観と認識対象との関係が、一般の表象におけるような主観に対する客観という相関性（対自性）ではなく、むしろ両者は後から反省的な思惟よって二つの契機が区別されるまでは不可分でその差異は意識されないという意味での直接性（即自性）を表現しているのである。

Ⅲ　意志論

前節（Ⅱ4）で、初期思想における意志概念の導入が、内感における自発性の表象という超越論的視点から行われたことを述べたが、以下に改めて、ショーペンハウアー哲学全体における意志論を整理してみたい。

1　超越論的意志と経験的意志

意志に関する叙述は、主題別に大きく二種類に分けることができる。

①　超越論的意志

本稿でこれまで述べてきたように、意志とは、意識（内感）における表象作用の直接的自発性に与えられた名前であり、それが経験認識および経験的客観の可能性の制約として働くがゆえに、筆者はこれを超越論的意志と名づけた[13]。

②　経験的意志と弁証的意志

これに対して、すでに確立し、自明なものと見なされている表象としての世界の内で働き、あらゆる存在を生かし、動かす経験世界の原理として叙述される意志を筆者は、経験的意志と呼ぶが、それは、表象としての世界の可能性の制約を問う超越論的観念性の視点と、すでに確立し自明なものと見なされる限りでの表象としての世界の仕組みを叙述する経験的実在性の視点とを対比するためである。ショーペンハウアー自身はこの経験的意志に、自然における意志、世界における意志、生への盲目な意志など多様な呼び名を与えている[14]。さらに経験的実在性の相の下で、人間が知性を経験的意志の道具として戦略的に用いるに至るほどの意志の独裁状態を、筆者は弁証的意志と呼ぶ。この名称は、理性が意志の道具として用いられる典型としてヘーゲルが名指しで批判されていたことに由来する。弁証的意志への批判には最初の師シュルツェの懐疑主義が脈打っている（Vgl. JS, 37-39）。両者の関係については、後述する（Ⅵ）。

2 意志の働き方の分類

『根拠律』においては、三種の意志の働き方が示される。

① 意志主体の認識客観（経験的対象）への因果性と、認識客観の意志主体への動機づけ――行為と経験的性格

最初は、意志主体と経験的対象との関係に関わるものである。行為とは、自発性としての意志を備えた存在者が、身体を介して他の経験的対象――人やものに働きかけることである。そのような意志は経験的意志である。すなわち行為の担い手（身体ないしその部位）と行為の対象との関係は、経験を支配する因果律の下にある。逆に、表象（実在的客観）も意志に行為を発動させるように働く。しかしそれは、因果性に基づく必然的帰結ではなく、その表象が機縁（動機）となって、意志の自発的発動を惹き起こすことによるものである。それゆえ同じ条件下であっても行為には個人差が生じる。しかしそれぞれの個人においてはそれらの行為は、首尾一貫しているように見え、(15) 人それぞれの意志の「行為発動の様式（Handlungsweise）」は不変であると推察される（Diss, 76［106］）。そのような行為の様式が「経験的性格」と呼ばれる。ただし行為から推察されるだけでは、その人の行為を理解するために統制的に使用する以外の役割は期待できない。動機がどのように意志に働きかけてそのような行為へと決意させるかは、説明不可能である（Vgl. Diss,76-78［106-108］）。

② 意志主体の認識主観への因果性——構想力とファンタスマ

次に問題となるのは、意志主体と認識主観との超越論的関係である。認識主観は、通常の経験認識（Ⅱ1①参照）への関わりにとどまらず、意志主体（内感）の自発性の働きかけにより、内感に直接現在しない表象——身体に媒介されていない表象——にも注意を向ける（Ⅱ4参照）という仕方でこれを生みだすことができる。そのような働きかけが構想力（Einbildungskraft）、ないし想像力（Phantasie）であり、生みだされる表象はファンタスマと呼ばれる（Vgl. Diss, 27, 80 [36, 111-112]）。記憶、想像、などの、直接的現在に縛られない表象の自発的産出も構想力の働きであり、これこそが、人間特有の活動でもある。それどころか人間は、そのようなファンタスマによって世界を充たし意味づけ構成さえするのである。

ここで特に重要なのが、第三類の表象のところで触れた、標準直観とプラトン的イデーとの関係である。数学における標準直観は純粋直観から実質をえた十全な表象である。これに対して、経験認識における標準直観は、その実質を純粋直観からえられないので、ファンタスマに分類されなければならない。従って『根拠律』第四〇節の注で予告されているように、標準直観が経験的対象一般の原型であるプラトン的イデーへと拡張されるときに、プラトン的イデーは、超越論的意志の認識能力への働きかけである構想力の生みだしたファンタスマでありながら同時に、経験に与えられる実質に頼らず、超越論的理性が普遍性の認証をしたものであり、その意味で超越論的意志の客観性である（Vgl. HNI, 178, 400 u. a.）と説明される（本稿注（4）参照）。しかしこれは、プラトン的イデーの観照において認識主観は、経験的意志（生への意志）から解放されているということと矛盾しない。

③ 超越論的意志と叡智的性格、意志の否定の二重性

超越論的意志はプラトン的イデーを可能にする制約でもあることによって、経験を構成するあらゆる表象、す

なわち表象としての世界の可能性の制約であることが明らかになった。

経験的実在性の相の下で見られた意志と表象としての世界において経験的意志（自然における意志）が、動機の影響下に行為を発現させる個々人ごとの特有の仕方を経験的性格と呼ぶならば、超越論的観念性の相の下での超越論的意志が注意や自発性の発現にあたって働く特有の様式を叡智的性格と呼ぶ（Vgl. Diss, 76-77［106-107］, WI, 194, 319［I 366, II 238］u. a.)。

叡知的性格の中身を概念的に規定することは、経験的性格の場合と同様不可能である。また、動機づけの法則の特性により、叡智的性格と経験的性格とのあいだに比例的な関係は成立しない。それにもかかわらず、超越論的意志の叡智的性格の発動（自発性や構想力の発現の様式）が弱い場合、表象としての世界の可能性の制約であるプラトン的イデーをはじめとする諸契機の働きが抑制され、経験および経験の対象の消失、すなわち意志と表象としての世界の消失へと至る可能性は考えられる。これが超越論的自由のレベルにおける意志の否定の構造である。『世界』においてこの超越論的意志と経験的意志、ないし叡智的性格と経験的性格との区別を正当化する例として、最終章第七一章の一見矛盾するような二つの主張をあげておこう。すなわち一方で「意志がなければ、表象もないし、世界もない」(WI, 486［III 241］) と主張され、他方で「ただ認識だけが残り、意志が消えてなくなってしまった」(WI, 486［III 243］) と言われている。ここで前者を超越論的意志の記述として、「意志と表象としての世界の可能性の制約として超越論的意志が考えられなければならない」と理解し、また後者を経験的意志の記述と解して、意志と表象としての世界をすでに確立し、その持続を自明のものと考える立場からは「意志の消滅の後には無関心の、美と聖の静謐な世界の観照が残る」と語ることは、相互に矛盾するものではなく、むしろ『世界』の叙述の整合性を高める、ということである。この二つの引用はきわめて近い位置、初版においては同じ見開きページの左右に印刷されているが、それがショーペンハウアーにとって矛盾であったら、そのようなことはしなかったであろうし、遅くても第二版では修正したであろう。[16]

なお、「意志の否定（verneinen 否と言う）」は『世界』のキーワードと言ってもよいが、「否定する」という言葉はしばしば否定への意志、自殺への意志と混同されてきた。しかし『世界』において「否定」は、不正や苦を惹き起こす他者の意志の否定（侵害）、ないし他者による自己の意志の否定（侵害）という意味のほか、自己自身の意志に関しては「転回する（sich wenden, abwenden）」、「放棄する（aufgeben, aufheben）」、「消滅する（verschwinden）」といった語と同義に用いられる。他者の意志についても自己の意志についても共に「否定する」という用語で統一することは分かりやすく見える半面、誤解をも招いてしまう。

Ⅳ　身体論[17]

すでにこれまでに直接的客観を、間接的客観を認識主観に媒介する（狭義の）身体という視点から、また、認識主観の状態と不可分な、内感の直接的客観すなわち意志の主体という視点から検討した。ところがショーペンハウアーはまたしばしば、上記の二様の直接的客観にまたがって（広義の）身体と呼ぶことも多い。それゆえ解釈するにあたっては、それらの叙述の幅にも留意しなければならない。[18]

ショーペンハウアーの身体論は、意識の事実としての（内感における）表象の直接的現在の継続から出発しつつも、意識の独我論に閉じこもらずに、認識論的には間接的客観の脱中心化された空間的共存、倫理的には自己中心性を脱却した共同性へのインターフェイスをどのように確保するか、という問題関心に導かれていた。

西洋哲学の歴史においてこの問いは、一方で内感（時間）の出来事としての思惟、他方で外感（空間）の出来事としての延長の媒介の問題として、デカルト以降さまざまなかたちで議論され、カントを経てショーペンハウアーに至る西洋近代哲学の根本問題の深化であり、さらには（西洋哲学の枠を越えて）思惟と存在をめぐる世界哲学史的な問いへと深く根を下ろしている。

われわれに直接に与えられている客観はたった一つしかない。それは自分の身体である。それゆえ、因果性のカテゴリーが適用されない限り、どのようにすればこの身体という表象を超え出て、空間中の身体以外の客観に到達できるのか分からない。……直接に与えられているのは、空間における直接の客観と、時間における その客観の状態の継起だけである。ただし付け加えれば、直接の客観ですら、自存性、実在性、単一性などのカテゴリーが適用されて初めて客観となれる。……それゆえ因果性のカテゴリーは真の意味で転移点でありしたがってあらゆる経験の制約なのである。(19)

この因果性その他のカテゴリーの適用とはまさに、経験認識の可能性の制約が同時に経験の対象の可能性の制約でもあるという超越論哲学的な意味において、内感の直接的客観が、因果性に基づく悟性推理によって間接的客観の地平を切り開きつつ、自らをその関係性の中に身体として見出し定位するための「真の意味で（の）移転点」と言われるのである。これは、ショーペンハウアーが『根拠律』執筆当時あるいはその直前に『純粋理性批判』の「経験のアナロジー」(20)を読み込んでいたことと関連すると考えられる。ただし「悟性推理」においては、因果性のカテゴリーによって空間的共存（外感）が開示され、空間的存在が主観にとっての客観の基体として認識され、さらにこの客観に自存性、存在性などのカテゴリーが適用されて初めて、表象としての世界の限界内での実体のステータスが認知される。アナロジーのステータスはあくまでも統制的なものであり（Vgl. B222f）、「外界」の実体的存在を保証するものではない。(21) カントが経験認識の限界へと追放した物自体をショーペンハウアーは廃棄し（Vgl. WI, 5 [I 9-10] u. a.）、これまでの実体形而上学の課題をすべて人間の思考能力の制御範囲である表象のレベルで解決する覚悟を決めたのである。それが、自らの哲学を「カント哲学の《究極の思惟》」(SW Bd. 5=PI, 142『全集』第一〇巻一九六ページ）と呼ぶ自負にも繋がっていると思われる。晩年のショーペンハウアーが、カント哲学の卓越性の例として「経験のアナロジー」をあげている（Vgl. ibid., 181 同上二四三頁参照）のも、そのような視点から見ると十分にうなずかれる。

V　イデア論

身体論において、内感と外感との媒介が形式的に達成されたが、経験認識における対象相互の、および倫理的関係における個人相互の共存関係を実質的に可能とするためには、個々の客観を他の諸客観に対し、同質性と差異化との原理に基づいて同定できなければならない。それによって初めて、表象としての世界の統一性と安定性とを確立できるのである。

注目すべきは、プラトン的イデーは『根拠律』において、個々の客観をそれとして同定するための原像、標準直観という意味に限定されたことである。哲学的旧体制の実体形而上学的思考が哲学的新体制によって解体されたからには、永遠不変のイデアさえも徹底して表象の一形態として扱わなければならないのである。

プラトン的イデーに関しては、上の各節（Ⅲ3、Ⅱ2②）、および他所ですでにさまざまな角度から叙述してきたので[22]、これ以上の詳説を省く。

Ⅵ　自然哲学――経験のアナロジーから意志のアナロジーへ[23]

これまで示したように、ショーペンハウアーは表象としての世界を超越論的観念性と経験的実在性という二つの視点において考察している。

そういうわけだから、この限りにおいて、空間と時間のなかで直観された世界とは純然たる因果性であることが判明するわけだが、それは完全に実在しており、文字通り姿を現わしたそのままのものであって、因果律に基づいて連関しながら、それは全面的に、なにひとつ隠し立てなく表象として姿をあらわす。これが世界の経験的な実在性である。……全客観世界は、表象であり、表象以外のなにものでもなく、まさにそれだからこそ、どこまでも未来永劫にわたって主観に制約されているのである。これは、全客観世界が超越論的な観念性を有するのだという風に言いかえても同じことである。（WI, 17［I 35-36］）

この主張によってショーペンハウアーは、カントの次のような考えを継承している。「現象はそもそも、われわれの諸表象の外では無に帰するということ、このことをわれわれはまさに現象一般の超越論的観念性という表現によって言おうとした。」(B535) それゆえにこそ、意志と表象としての世界の成り立ちを探求するにあたっては、超越論的観念性の視点から、主観が依拠する経験の可能性の制約を探求することが求められてくるのである。

表象としての世界を経験的実在性と超越論的観念性の二つの視点から記述するのと並行して、意志、理性などの主要概念に関しても、二つの視点に応じて異なる意味で用いられているのもこれまで見てきたとおりである。

ところで、この超越論的観念性と経験的実在性という世界の二重性はどのように関係しているのだろうか。この問いは、西洋近代哲学史においては、思惟と延長、内感と外感等さまざまな対概念によって表現され、カント以降ことにドイツ観念論の主要問題の一つとなる。例えばヘーゲルにおいては、この二重性は、実体と主観との相互媒介[24]において弁証法的に止揚されるが、ヘーゲル晩年から死後の時期のヘーゲル哲学の国家哲学化はショーペンハウアーの目には、超越論的観念性への視点が持つ批判的要素を、既成の、経験的実在性の秩序の構成要素という方向に目的論的に組み込み解消してゆくことによって、結果的に既成の存在秩序を正当化し、肯定する弁証的意志の強化であり、政治的、経済的、文化的な旧体制へと逆行する反動的時代錯誤と映ったであろう。[25] ショーペンハウアーの「意志の否定」の構想が、そのような弁証的意志の盲目性への批判という側面を持っていることは、晩年の講壇哲学批判[26]などにしばしば誇張したかたちで表現されている。

これに対してショーペンハウアーは、両視点の独自の意味を際立たせるべきものと考えた。経験的実在性において世界が「因果律に基づいて連関しながら、それは全面的に、なにひとつ隠し立てなく表象として姿をあらわす」ということは、表象としての世界は、それ自身の法則性に従い、神学的、形而上学的概念を持ち込まずに、一見唯物論的な説明が可能であるということである。しかし超越論的観念性の視点からは、全客観世界は主観に制約された表象以外のなにものでもなく、唯物論的説明は、時間、空間、因果性を前提する経験の枠内でのみ有効である。超越論的観念性の制限なしに、経験の全体をナイーヴに客観的実在的世界と決めてかかるような自然的態度をショーペンハウアーは、自分の三つ編み髪を上に引いて、馬もろとも沼を飛び越えようとするミュンヒハウゼン男爵に喩えて揶揄している。(27)

経験的実在性の視点からは、自然の諸現象を経験的意志のさまざまな現象形態の階梯として叙述することができる。『世界』第二巻や、『自然における意志』などの華麗な叙述に一九世紀後半の読者は魅了され、そのような自然観に影響を受ける者も多かった。それは科学主義的唯物論的世界観にも通じるものだからである。しかしそのような経験的実在性において描かれた世界の魅力や説得力も、超越論的観念性の視点からは無なのである。『世界』本論をショーペンハウアーは次の言葉で結ぶ。「すでに意志を否定し、意志を転換し終えている人々にとっては、これほどにも現実的に見えるこのわれわれの世界が、そのあらゆる太陽や銀河を含めて——無なのである。」(WI, 487 [III 244]) ここで「意志の否定、意志の転換」と言われているものは、本稿のコンテキストでは意志を経験的意志として経験的実在性の視点だけから理解する自然的態度から、超越論的観念性の視点で超越論的意志を表象としての世界および世界認識の可能性の制約として理解する立場への転換、と言い換えることができるだろう。

経験のアナロジーは、内感の直接的客観と、外感と因果性の規定を伴う経験的客観とを関係づけるものであるが、その際のアナロジーは、数学的比例関係によって既知の三項から第四項を規定するもの (Vgl. B221) とは異なり、より整合的な事象解釈を可能にする規則を発見しようとする哲学的アナロジーであるとされる。実体、因果性、相互性の関係(ショーペンハウアーでは相互性は因果性に解消される)などの概念、ないしそれらによって導き出される帰結には絶対的実在性は認められず、あくまでも表象(現象)としての世界内で統制的原理として用いられるにすぎない (Vgl. B221-223)。

超越論的観念性と経験的実在性とを結ぶそのような哲学的なアナロジー理解は、ショーペンハウアーにおいては意志概念にも向けられ、ここに超越論的意志と経験的意志とを結ぶ意志のアナロジー（WI, [I 232]）が成立する。すなわち、内感の状態（直接的客観）の継続の意識（意志）から、因果性の支配する間接的客観によって構成される表象としての世界まで関わる広義の身体が、表象において人間と認識される多数の間接的客観と関わるときに、それらもまた私の身体と同様の意志の直接的客観および間接的客観としての身体として構成されていると「想定」するなら、人間には倫理的な意味での相互的共存が可能となる。また、因果性に支配された無機的な客観も、「優れたものに準じての命名（denominatio a potiori）」（WI, 132 [I 244]）により、いわば微弱な意志と名づけ、さらにその中間的な存在としての動物、植物にはそれぞれのグラデーションに応じた意志を想定することによって、表象としての世界の整合的な理解と実践とが可能になる。否、それどころか私たちは日常において——例えば動物の権利について語るとき——そのようなアナロジーを現実のもの、自明のものとして受けいれているのである。

以上のような経験的実在性のレベルでのアナロジーは、その超越論的観念性の視点においては、外感における空間性の開示という意味の経験の可能性の制約としての狭義の身体、さらに、個々の間接的客観の同定に必要な標準直観としてのプラトン的イデアを超越論的理性との協働で成立させる構想力がともに、内感の自発性の意識、すなわち超越論的意志に基づいており、その限り意志と表象としての世界に属するすべての客観が超越論的意志の刻印を受けている、ということに対応する。それこそが、プラトン的イデーは意志の客観性である、という言葉の意味であるが、それを、西欧実体形而上学的な語法のアナロジーによって表現するならば、世界はすべて物自体としての意志の客観化（現象）である、ということになる。

このような意志のアナロジーの思想は、一八一五年から一八一六年にかけて成立したことが初期草稿や読書歴から窺われるが（Vgl. HNI, 390 §575 u. a.）、これによって、経験的実在性の相の下での意志と表象としての世界を叙述するショーペンハウアーの自然哲学の基礎も確立した。この直後ショーペンハウアーは、『世界』執筆に取りかかるのである。

『世界』第二部を構成する、自然は物自体としての意志の客観化の階梯であるとする思想は、認識論、倫理学、芸術論などの基礎づけとなる身体論、意志の否定、プラトン的イデアなどの基本概念にくらべて時期的にもあとに成立している。しかもそれは哲学的アナロジーに基づく統制的な意味を持つにすぎないので、これを構成的原理のように用いて、盲目の意志実体の現象としての世界、というフレームからショーペンハウアー哲学の全体を説明しようとすることはできない。しかし通俗的ショーペンハウアー解釈は、そのような思い込みの上に成りたっており、一見分かりやすいが、さまざまな矛盾を露呈してしまう。

もっとも、問題の多いショーペンハウアーの解釈の責任は、受容史だけに押しつけられるべきものではなく、多少ともショーペンハウアーの叙述方法にもあるとも言えるのだが(28)——。

Ⅶ　おわりに——『意志と表象としての世界』の成立

以上、『世界』を構成する基本概念の意味を、同書が成立するまでの若きショーペンハウアーの思想形成の過程に即して明らかにした。これによって照らし出される「意志と表象としての世界」の全体像は、従来の哲学史において複製拡散されてきた通俗的ショーペンハウアー像とは異なるものであるが、ショーペンハウアーの思想形成期の時代背景および哲学的問題意識を共有し、またより整合的なショーペンハウアー解釈の可能性を考慮しようとするときに、十分な存在理由があるものと筆者は信じる。これらの新たな概念規定に基づく『世界』の輪郭はある程度示されたかと思うが、稿を改めて、全体のより詳細な体系的叙述を試みたい。

注

本稿において引用は日本語訳による。以下の著作からの単純な引用参照は、略記により本文中に挿入する。

Arthur Schopenhauer: *Ueber die vierfache Wurzel des Satzes vom zureichenden Grunde*, Rudolstadt 1813（略記 Diss）in: Arthur Schopenhauer: *Sämtliche Werke*, 7 Bde, Hrsg.: A. Hübscher, Wiesbaden ^{3}1972（略記 SW), Bd. 7 日本語訳：ショーペンハウアー『充足根拠律の四方向に分岐した根について』（第一版）、鎌田康男／齋藤智志／高橋陽一郎／臼木悦生訳著『ショーペンハウアー哲学の再構築〈新装版〉』法政大学出版局（叢書ウニベルシタス）、二〇一〇年、一―一五四頁（略記『根拠律』）。箇所表記は、ドイツ語原典ページに続けて『根拠律』のページを［ ］に示す。

Ders.: *Die Welt als Wille und Vorstellung*. Leipzig 1819, in SW Bd. 2（略記 WI）、日本語訳：ショーペンハウアー『意志と表象としての世界』（略記『世界』）本論は、西尾幹二訳（中央公論新社中公クラシックス）に基づく。箇所表記は、ドイツ語原典ページに続けて［ ］内に『世界』の巻数ローマ数字とページを示す。

上記以外の SW からの引用は、巻番号をそえ、＝のあとに公式略記を添える。邦訳は白水社『ショーペンハウアー全集』（略記『全集』）を用いる。

各日本語訳は、本稿との用語の統一を図るために、わずかな変更を加えることがある。

Arthur Schopenhauer: *Der Handschriftliche Nachlass*, 5 Bde, Hrsg.: A. Hübscher, Frankfurt. A. M. 1966-1975.（略記 HN）の箇所表記は、ローマ数字で巻番号を添え、筆者訳を用いる。

Kant: *Kritik der reinen Vernunft*. ^{1}1781/^{2}1787.（カント『純粋理性批判』）引用参照にあたっては慣例に従い第一版、第二版のページ付をA、Bで表記し、必要に応じて筆者訳を用いる。

その他本稿では詳説できなかった諸問題については、

Yasuo Kamata, *Der junge Schopenhauer. Genese des Grundgedankens der Welt als Wille und Vorstellung*, Freiburg/München, 1988（略記 JS）およびそれ以降の筆者のショーペンハウアー関連公刊物 http://kamata.de/gyoseki/ を参照いただきたい。

最近の欧語のショーペンハウアー研究文献に関しては *Schopenhauer-Jahrbuch*（ISSN 0080-6935）, 日本語文献に関しては『ショーペンハウアー研究』（ISSN 0919-5971）各号の掲載論文記事等を参照。

（1） Vgl. JS, 47-109.

（2） 内感における表象の現在の連続を表す Sukzession を「継続」と訳し、経験的対象（表象）の「連続」Folgen およびそれが因果性によって原因結果の関係と認められた場合の「継起」Erfolgen と区別する。

（3） 変化の概念は内感においては成立せず、内感の状態の連続性をあとからの反省することによって得られたものであり、内感においては「状態を変えながら連続する」直接客観しか存在しないことに留意が必要である（vgl. Diss, 36, 47［48, 64］）。

（4） HNI, 130f, §226. また「想像力と理性とが合体して可能になるプラトン的イデー」（WI, 48［I 93］）ともいわれる。

（5） Vgl. JS, 1988, 174, 252 u. a.; ders.: „Die transzendentale Idealität der Welt als Vorstellung und die Frage nach dem Tod", *Schopenhauer-Jahrbuch*, 97（2016）, 83-92. 林由貴子訳「意志と表象としての世界の超越論的観念性と死への問い」、『ショーペンハウアー研究』第二二号（二〇一七年）、一〇六―一二二頁参照。

（6） Go, 62［85-86］。なお筆者は、ショーペンハウアーの標準直観論形成にあたっては、カント『判断力批判』における「美的標準イデー」、および標準イデーを『純粋理性批判』の「図式論」と関連づけるフリースの見解に触発されたと考えている。Vgl. JS, 166-171 §32, ders.: „Die Kant-Rezeption des jungen Schopenhauer in *Ueber die vierfache Wurzel des Satzes vom zureichenden Grunde*", Dieter Birnbacher（Hrsg.）: *Schopenhauers Wissenschaftstheorie: Der „Satz vom Grund"*, Würzburg, 2015, 54, Anm. 19.

（7） Diss, 63, Anm.［87注］。

（8） Diss, 37［49］. 中間判断（小前提）を欠く直接的推論をあらわす「悟性推理」という用語をショーペンハウアーは『根拠律』

執筆までに読んでいたカント『純粋理性批判』(B360)、『論理学』(Akademie-Ausgabe, IX, 114-119, §43-54)、およびキーゼヴェッター『カントの原則による純粋一般論理学の概要』(一八〇二—一八〇六年）から受容していると考えられる。しかしショーペンハウアーはこの直接的推論に、因果性は内感にとっての経験および経験の対象の可能性の制約である、という、経験のアナロジーに対応する超越論的位置づけを与えている。「悟性推理」は、最晩年の『世界』や『色彩論』においても用いられるが、『根拠律』第二版においてはその周囲の議論もあわせて削除される。その理由も興味ある問題ではあるが、別の機会に譲ることとする。

(9) ここから、意志が一時的に棚上げされたプラトン的イデーの観照において、主観と客観との区別が消失する（Vgl. WI, 211f [II 28-29]）構造も明らかとなる。ただしその場合は、叡智的性格における意志の一時的鎮静への資質（後述）も関わってくる。

(10) そのような新たな試みとしては、林由貴子「ショーペンハウアー共苦倫理学の超越論哲学的基礎づけ」(博士論文、二〇一五年、関西学院大学リポジトリ）参照。

(11) 鎌田康男「構想力としての世界——カント『純粋理性批判』演繹論の受容から見る初期ショーペンハウアー哲学の再構築——」、『理想』第六八七号、特集ショーペンハウアー哲学の最前線、一二頁参照。

(12) ショーペンハウアーは、認識主観と意志主体（内感の直接的客観）との一致を奇蹟の中の奇蹟 Wunder κατ ἐξοχην と呼ぶ（Vgl. Diss, 73 [101]）が、内感においては両者は直接に地続きであり、切れ目ない統一をなしていることから理解可能であると筆者は考える。そのように理解すれば、主観にとっての客観という表象の根本形式は外感一般の形式と重なり、プラトン的イデアが意志の客観化（内感の客観と外感の客観との結節点）であると言うこととの整合性も高まるであろう。

(13) Vgl. JS, 174 u. a.

(14) SW Bd. 4, *Der Wille in der Natur*『自然における意志』、『全集』第六巻収録、「意志の運命」(WI, 366 [II 331])、「生への盲目な意志」(WII, 532, u. a.『全集』第七巻一五頁他)。

(15) Vgl. *Schopenhauers Sämtliche Werke*, Hrsg.: Paul Deussen, München 1911-1941, X, 45.

(16) Schopenhauer, *Die Welt als Wille und Vorstellung*, Leipzig 1819, 588 und 589.

(17) Vgl. JS, 143-148, 151-159, 209-223.

(18) 狭義の「身体」の例として Diss, 25 [34], 広義の「身体」の例とし Diss, 74 [102] など参照。

(19) Diss, 36 [48-49]. Vgl. WI,23f. [I 23]. なおここでは、身体は広義に解されている。

(20) Vgl. B219-265.

(21) 鎌田康男「意志が物自体である、とはどういうことか?――ショーペンハウアー哲学形成期におけるカント『純粋理性批判』原則論の受容から見る「意志のアナロジー」」、『ショーペンハウアー研究』第一六号、(二〇一一年)、六〇―八三頁。

(22) 上記のほか JS, 166-171; ders.: „Platonische Idee und die anschauliche Welt bei Schopenhauer", *Schopenhauer-Jahrbuch*, 70 (1989), 84-93.

(23) 鎌田康男「意志が物自体である……」(前掲); Y. Kamata, „Die transzendentale Idealität der Welt ..."(前掲)参照

(24) Vgl. Hegel: *Phänomenologie des Geistes* (1807), Hamburg 1952 (PhB), 19f u. a.

(25) ショーペンハウアー(学派)とヘーゲル(学派)との敵対関係はしばしば誇張されてきた。しかしショーペンハウアーがヘーゲルの名の下に毒舌を振るうのは多くの場合インマヌエル・ヘルマン・フィヒテ等の思弁神学に対してであり、ローゼンクランツやエルトマン等いわゆるヘーゲル学派の人々とは交流があり、必ずしも険悪な関係を続けていたわけではない。

(26) Vgl. SW Bd. 5=PI, 147-210.『全集』第一〇巻、二〇一―二七九頁参照。

(27) Vgl. WI, 32 [I 65].

(28) 筆者の、ブラジル・クリチバ国際ショーペンハウアー学会(二〇一七年一一月二九日)発表 „Die transzendentale Idealität und die empirische Realität der Welt als Wille und Vorstellung. Philosophie und Philosophieren beim jungen Schopenhauer"(*Voluntas*, ISSN 2179-3786, Vol. 9, No.1, June 2018掲載)参照。

ショーペンハウアー哲学の受容とその時代

伊藤貴雄

はじめに

『意志と表象としての世界』完成後の一八一九年一二月、ベルリン大学での教授資格申請の際に、ショーペンハウアーは同大教授リヒテンシュタイン宛の書簡でこう述べている。

私が自分の精神の力を、ある特定の時代や国の現状といった卑小で窮屈に思える領域に本気で向けるようなことがあるなら、それは私自身を貶めるものであると考えます。それどころか私は、学者なら誰もが言葉の高次な意味でこうした意向の持ち主であるべきであって、国家機構の修繕などはそれがいかに高次で完全な知に見えようとも政治家たちに委ねるべきであると考えるものです。(GB, 45)

実際、後述するように、ショーペンハウアーの哲学には今日まで「非政治的」なイメージが纏わりついてきた。しかし、彼が政治との直接的な関わりを避けたことは、必ずしも彼が政治に無関心であったことを意味しない。そもそも対象への完全な無関心からは、対象から距離を置くという発想すら生じないだろう。では、彼は政治に対していかなる関心を有していたのか。もし彼の哲学に政治思想と呼びうるものがあるとすれば、それはいかなる主張であり、またいかなる歴史的・現代的意義を有しているのか。これらの問いに答えるのが本稿の目的である。

1　根拠律の社会哲学

ショーペンハウアーの政治的関心は、一見純哲学的な主題である「根拠律」との関係で浮かび上がってくる。根拠律の元祖定式者ライプニッツは『二十四の命題』（一六九〇年）でこう述べている。――実在するものはすべてそのための「根拠」を持っている。すなわち、可能的なものが実在するようになるためには、現実に存在する事物のうちに根拠づけられること、つまり現実的な根拠としての「原因」を持つことが必要である。そのためには、この可能的なものが、他の可能的なものに対して「共可能的なもの」でなければならない（＝相容れないものであってはならない）。したがって、実在するに至るのは、最も多くのものが実在するような諸事物の系列、換言すれば、共可能的な事物を最も多く含む系列なのである――と[1]。ライプニッツ以降の「共可能的なもの」という概念の受容史はじつは近代ドイツ政治史を反映するものであり、ショーペンハウアーの根拠律論も例外ではない。以下、その系譜図をカント、フィヒテ、ヘーゲルも加えて素描してみる。

(1) カントと永遠平和

カントは『純粋理性批判』(一七八一年)において、「現象」と「物自体」との二元論に従い、人間の行動根拠を二つに区分した。経験的根拠(自然に従う原因性、すなわち感性的な「衝動」)と、叡知的根拠(自由による原因性、すなわち理性的な「自由意志」)とである。[2] その上で、経験的根拠ではなく叡知的根拠によって行為する主体を志向し、その行為の規準としての定言命法を提示した。意志の格率が「普遍的立法の原理」として妥当しうるように行為せよ、[3] 自他の人格のうちにある「人間性」を単に「手段」としてではなく同時に「目的」としても必要とするように行為せよ、[4] と。

カントの平和論もこの定言命法から導かれる。バーゼルの和約を機に書かれた『永遠平和のために』(一七九五年)では、兵士を単に殺人用の道具として扱う常備軍制を「人間性の権利と一致しない」ものとして否定した。他方、国民が国外からの攻撃に備えて自発的に行う「定期的な軍事演習」すなわち民兵制については肯定した。[5] これはけっして突飛な主張ではない。元々近代ヨーロッパの国家思想史において、《常備軍の否定》は《民兵制の肯定》と表裏一体の関係にあるからである(マキアヴェリやルソーを見よ)。すなわち、職業軍人に依存する常備軍制よりも、国民全体で兵役を担う民兵制の方が(国民が戦争を他人事と見ないため)戦争を起こす可能性が少ないという主張である。

ここには、開戦の是非も含めて国家の政策を国民自身が決定するという共和制の理想がある。『人倫の形而上学』(一七九七年)でカントはいう。――国民は国家においてつねに、単に手段としてではなく同時にまた目的自体として、共に立法する成員である。したがって国民は「戦争遂行一般についてだけでなく個々の宣戦布告についても、自分の代表者を通じて自分の自由な同意を与えないわけにはいかない。こうした制約条件のものでのみ、国家は国民の危険に満ちた任務について任意に決めることができる。」[6]この記述の内にカントの「目的の国」の理念を読み取ることは容易であろう。

しかし、ここで一つの疑問が生じるかもしれない。もし徴兵が議決された場合、個人の兵役拒否は認められるのか、と。この問題についてカント自身は明言していないが、読み方によっては、兵役拒否を不法と見なす「国家法」の立場と、戦争否定を至上命令と見なす「国際法」の立場との間で、義務の二律背反が生じる可能性も否定できない。事実、この二律背反は、カントの死後、対仏解放戦争（一八一三年）の際にプロイセンが一般兵役義務制を導入して以降、表面化することになる。

(2) フィヒテと国民国家

フィヒテは『全知識学の基礎』（一七九四年）において、自我と非我との対立を「絶対的自我」の概念で解消しようとした。自我と非我との対立は、有限的自我（自己や他者といった個的な自我）の見地におけるものにすぎず、絶対的自我（自己や他者に共通する純粋な自我）の見地からすれば、自我も非我も共に部分的に定立され、部分的に廃棄されるというのである。この思想を説明する際にフィヒテが援用するのが「根拠律」である。「相対立的なものはいずれも一つの徴表Xにおいて相等しい。そして相等しいものはいずれも一つの徴表Xにおいて反立される。このような徴表が根拠と呼ばれる。[7]」

ここで根拠律は、有限的自我と有限的非我とを絶対的自我によって媒介する論理である。ここから、個々人は根拠を共有することによって一つの共同体を形成するという社会哲学的主張が導かれる。カント倫理学を継承したフィヒテにとって、国家は、叡知的根拠としての「絶対的自我」が経験的根拠としての「有限的自我」を規定する契機であった。そのような国家においては、一部の成員が特権的に他の成員を手段化するような不平等は許されない。それゆえ、国家の全成員は〝他人を単に物件（＝手段）としてのみならず、同時に人格（＝目的）としても扱う〟という倫理的な義務を持つことになる。

この主張は当時のプロイセンに対する批判を含意していた。同国の軍制（カントン制）は、都市民が免除されて農民が徴兵されるという階級差別や、鞭打ちなどの陰惨な体罰制度を宿していた。フィヒテはフランス革命軍を範にした民主的軍制を志向し、『ドイツ国民に告ぐ』（一八〇七―〇八年）で民兵制を提唱する。国民教育を導入した国家においては、次代の若者が利己的な衝動を脱した祖国愛から自発的に防衛の任に当たるので、常備軍は不要になるというのである[8]。

フィヒテが一八一三年にプロイセンの一般兵役義務制の導入に賛同した理由も、全国民の平等という倫理性にある。つまり、フィヒテにとって同制度は、プロイセンに（ひいては《国民国家》としてのドイツに）共和主義をもたらす契機であり、「相対立的なものはいずれも一つの徴表Xにおいて相等しい」という根拠律の現実態であった。ところがプロイセンは、当初《時限立法》だった一般兵役義務を翌一八一四年に《恒久立法》化し、解放戦争後も、フィヒテの説く民兵制とは異なる《常備軍中心体制》を整えていった。

（3）ヘーゲルと人倫国家

ヘーゲルは『大論理学』（一八一二―一六年）で、根拠律を「すべてのものはその十分な根拠を持つ」という命題で定式化した。その際、「作用因」と「目的因」とを区別して後者を重視し、「十分な根拠」とは機械論的な「原因」ではなく、目的論的な「概念」であるとした。「『すべてのものはその十分な根拠を持つ』という命題は、一般的に、存在するものは直接的に存在するものとしてではなく、定立されたものとして見るべきだという意味にほかならない(9)」、「根拠は自分の否定性において自分と同一であるような本質である」(10)。要するに、差異性(＝他者)のなかに同一性(＝自己)を見る弁証法論理学の観点でヘーゲルは根拠律を解釈している。

『エンチクロペディー』(一八一七年)で彼はいう。法や人倫を論じるためには、「単なる(＝作用因的)根拠の不安定さを弁証法的に指摘し、これに対して正義や善、普遍的なもの一般や意志の概念を明らかにする」立場、すなわち「目的因」的見解に突き進まねばならない、と(11)。権利と義務(＝差異性)は実体的意志たる法(＝根拠)によって定立されたもの(＝同一性)であり(12)、家族と市民社会(＝差異性)は人倫的実体たる国家(＝根拠)によって定立されたもの(＝同一性)であり(13)、国家と世界(＝差異性)は精神的実体たる世界精神(＝根拠)によって定立されたもの(＝同一性)である(14)。

ヘーゲルはフィヒテ国家論を継承して、非常時における絶対的な兵役義務を説いた。ただしフィヒテと違い、ヘーゲルは常備軍制を支持した。『法の哲学』(一八二〇年)ではこう述べている。「国家どうしの紛争は、国家どうしの関係の何かある特殊な面を対象とすることであるから、この紛争にあたることを主要な使命とするものはやはり、国家の防衛のために捧げられた特殊な部門である。しかし国家としての国家が、すなわち国家の独立が危険に瀕するときは、義務が全市民に国家の防衛を呼びかける(15)。」

ここでヘーゲルは、〝差異性なくして同一性なし〟という弁証法的な観点に立ち、一般民兵とは異なる《職業軍人》の存在意義を認めている。常備軍を基本としながら、人民武装による国民軍の必要を併せて説いている点で、彼の軍制論は、解放戦争後のプロイセン軍制に対応するものといえる。もっとも、兵役義務を宗教上承認しない教団(クェーカー派や再洗礼派)に対する寛容政策を認めてもいる点は付記しておかねばならない(16)。

(4) ショーペンハウアーと兵役拒否

ショーペンハウアーは学位論文『根拠律』(一八一三年)で、根拠律を「なぜ存在するのかという根拠なしには何ものも存在しない」という命題で定式化した(SW 7, 7)。ただし根拠律はあくまで客観を規定するものであり、主観にまで及ぶことはない。主観は「認識するもの」である以上、けっして「認識されるもの」すなわち客観には成り得ないからである(SW 7, 44f.)。たとえば、ある行為の動機を挙げる場合、われわれに認識可能なのは何らかの衝動すなわち「意欲」(経験的根拠)だけであり、けっして意欲に先行する主観そのものの状態、すなわち「意志」(叡知的根拠)ではないのである(SW 7, 74f.)。

彼はこの著作を、解放戦争中に一般兵役義務を忌避して完成させた。彼は書簡で「私はいかなる仕方であれ腕力によってではなく、知力によって人類に奉仕するように生れついている」、「私の祖国はドイツよりももっと大きい」と述べている(GB, 490/ 643)。――これは、経験的根拠(意欲)の表明なのか、それとも叡知的根拠(意志)の表明なのか? カントの倫理学に照らしても、ショーペンハウアーの根拠律論に照らしても、上記の発言はあくまで経験的根拠としての「意欲」に当たろう。この意欲をなぜ意欲したのかという叡知的根拠は、当人も知ることはできない。

『意志と表象としての世界』(一八一八/一九年)では、国家は人間のエゴイズムから生じたという。主観は「身体」を単なる表象(客観)としてではなく、同時に意志(主観そのものの状態)としても経験するが、こうした身体経験の二重性が主観に「個体」意識を、つまり世界のなかで自分こそが実在的であるという意識を与える。これが肥大化して他の個体の意志肯定の境界を侵すことがいわゆる「不正」という行為にほかならず、不正が野放しの自然状態では必然的に「万人の万人に対する闘争」になる。そこで人々は互いの利害を調停して闘争を回避すべく国家契約を結んだ（SW 2, 408）。

この国家論で注目すべきは、契約の主体が皆、エゴイストであるという点である。つまり、各個体にとって国家契約を結ぶ相手は単なる表象以上のものではない。誰もが「自分自身の人格だけを現実の人格とし、他のすべての人格を単なる幻影と見なし、かつ幻影として扱う」(SW 2, 124) という点では、自然状態も国家契約も何ら変わりはないのである。異なるのはただ、闘争の矛先が万人に向けられているか、契約集団の外部に向けられているかという点にすぎない。それゆえショーペンハウアーは、国家の役割は人倫的自由の実現といった積極的なものではなく、《不正の抑止》という消極的なものに限られるという。善行や慈善などの能動的役割は法では強制できないというのである。(17)

2 『意志と表象としての世界』の共同性論

ライプニッツのいう「共可能的なもの」を、カントは「自由意志」に、フィヒテは「絶対的自我」に、ヘーゲルは「世界精神」に求めたといえる。彼らの国家論には、経験的根拠を叡知的根拠によって規定する主体が据えられていた。一方、ショーペンハウアーの国家論で主体とされたのは、もっぱら経験的根拠としてのエゴイズムを持つ個体である。

しかしショーペンハウアーは「共可能的なもの」を放棄したのではない。たしかに彼は国家を共同性の組織とは見ず、むしろ《共同性なき共同体》として捉えていた。だが、この認識を前提にした上でなお、〝純粋な共同性はいかにして可能であるか〟を示すのが、彼の中心課題であった。以下その思考過程を、『意志と表象としての世界』の「正義」、「共苦」、「禁欲」という三つの徳論から――成立史的コンテクストにも言及しつつ――跡付けてみたい。

(1) 正義――消極的正義論

徳論の第一部門は「正義」である。ショーペンハウアーはこれを〝他人を害さないこと〟であると消極的に定義している。彼はこの正義が、法的な「正義」(＝不正の否定)と表裏の関係にあるという。すなわち、法論は、不正を受けまいとすれば他人から踏み越えられるのが許せない境界を定めるが、その同じ境界を、徳論は、不正を行うまいとすれば踏み超えてはならないものとして説く。換言すれば、法的な正義は「不正を受けない」という保身を動機とするが、道徳的な正義は「他の個体のなかに姿を現わしている意志」への配慮を動機とするということである。前者は、他人を単に表象として扱うが、後者は、他人を同時に意志としても扱っている。この対比からは、共同体の論理(その本質はエゴイズムである)とは異なる、共同性の条件を確保しようとの意図が読み取れる。

してみると、徳論の正義は――ショーペンハウアー自身は明示的に述べていないにせよ――理論的にはカントの定言命法(いわゆる《目的自体の方式》)を下敷きにしていると解してよい。なにしろ、カントの現象と物自体(これは倫理学的には手段と目的、あるいは物件と人格という対概念に対応する)をそれぞれ表象と意志とに置換したことは、ショーペンハウアー自身も認めているのだから(SW 2, 131)、上の解釈はさほど奇抜なものではないはずである。

この正義論はおそらくフィヒテに対する批判を含んでいる。成立史的に見ると、正義の消極的性格について最初の記述が見られるのは、ショーペンハウアーがベルリン大学学生時代に執筆した「カント研究ノート」の一八一二年執筆分であり（HN 2, 260）、また同時期の「草稿二五」である（HN 1, 16f.）。当時彼は、フィヒテの『法論の体系』講義（一八一二年）と『道徳論の体系』講義（同）にも関心を持ち、受講生からノートを借りて抜粋してもいる（HN 2, 237-244）。前者の講義でフィヒテは、国家を「全員を自由へと陶冶するための装置」と呼び(18)、後者の講義では、単に消極的に「悪いことをしない」というだけの人間は、道徳的志操と端的かつ完全に衝突する、と述べている(19)。

国家の道徳性や正義の積極的性格を強調するこうしたフィヒテの主張は、一八一二年のプロイセンという社会史的コンテクストを念頭に置くと背景がよく理解されよう。当時ナポレオンの支配下にあった同国では、国家再興に向けた一般兵役義務制導入の是非が論議されていた。導入派のフィヒテは『ドイツ国民に告ぐ』等の著作で愛国心の涵養を唱えていたが、その主張を（徴兵対象の年齢に該当していた）ショーペンハウアーは快く思っていなかった。以上のコンテクストを踏まえると、正義の消極的性格を説くショーペンハウアーの立場が、時代構造のなかでは一個の積極的な主張であったことが窺える。

（2）共苦　ショーペンハウアー版「目的の国」

徳論の第二部門は「共苦」である。人生で本質的なものは苦であり、幸福も厳密には「ある害悪の終わり」という消極的なものである。ゆえに人が他者になし得る善は、その苦の軽減以外にはない。あらゆる愛は共苦である。この叙述からも、〝他者を単なる表象としてではなく同時に意志としても扱う〟という、ショーペンハウアー版の定言命法を読み取ることができる。

成立史的にいうと、共苦の原型となる思想は、前記「カント研究ノート」の一八一一年秋執筆分が初出である。そこには次のように述べてある。――カントの「汝の行為の格率が普遍的法則たりうるように行為せよ」という道徳原理は、所詮〝自分の欲しないことは他人にも行うな〟という格率の言い換えにすぎず、「自分の幸福を求める各人の衝動」に基づく法論の原理と何ら変わるところはない。これに対して、真の道徳的行為である「人間愛」は、「決然とした完全な犠牲的行為が求められるという一点」において、法論の原理とは一線を画するものである（HN 2, 257）。――この記述を踏まえると、共苦論もまた、共同体の論理（エゴイズム）とは異なる、共同性の条件を確保するという意図のもとで構想されていたことになろう。カント定言命法の、いわゆる《自然法則の方式》を法論の原理、《目的自体の方式》を徳論の原理と見なして、前者と後者とを峻別するところにショーペンハウアーの意図があったと解される。

もっとも彼とて、解放戦争期の愛国の訴えにまったく心動かされなかったわけではない。一八一二年の「草稿三四」では、「自然が、より大きく、より重要なものを維持するために、より小さく、よりささいなものを犠牲にするのと同様に、定言命法も、全体や祖国や多くの人々のために自らの身を捧げることを人間に要求する」ものであり、この定言命法に逆らうと「良心の呵責」が生じると述べている（HN 1, 21）。また『意志と表象としての世界』では、共苦の事例として、「己の一族や祖国のためみずから進んで意識的に覚悟して死に赴く者」（SW 2, 443）を挙げてもいる。ちなみに、この件の直後には、「人類全体にとっての福祉に達することや当然それに所属していることを主張しようとして……苦しみと死を進んで引き受ける者」（Ebd.）を挙げ、ソクラテスとイエスを讃えてもいる。この二人はむしろ共同体と対立して死を余儀なくされた人々である。とすると、周囲からの非難を忍びつつ「人類に頭脳で奉仕する」ことを選んだ自分の姿を、彼らの姿に重ねることで、良心の呵責を払おう[20]

としたのだとも考えられる。

共苦は、もちろん正義よりも積極的な道徳であるが、あくまで共同体の論理とは区別されるべきものである。ショーペンハウアーによれば、祖国のために死ぬ人が尊いとされるのは、彼が国家を守るからではなく（なぜなら国家自体はエゴイズムの共同体にすぎないから）、「意識的に覚悟して死に赴く者」だからである。同様に、哲学者も、仮に祖国に容れられなくとも、「苦しみと死を進んで引き受ける」点で、愛国者に劣らず共同性を発揮したといえるのである。何より重要なのは、生の自発的な放棄にほかならない。ここに意志の否定という思想への回路が見えてくる。

(3) 禁欲——共同体なき共同性

徳論の第三部門は「禁欲」である。共苦の度合いが高まると人は全生物・全世界の苦を自分の苦と見なすが、その結果、周囲の事物は意欲の動因としてではなく鎮静剤として働くようになる。このような人は、自己の肯定と見なされる快楽すべてに恐れを感じ、徳から禁欲への移行を経験する（SW 2, 448）。すなわち「意志の否定」である。

成立史的に見ると、意志の否定の理論的構造が最初に登場するのは、「カント研究ノート」一八一一年秋執筆分である。すなわち、先述した《法論の原理》と《徳論の原理》とを峻別する議論の直後に登場する。そこでは、エゴイズムの克服が、カント倫理学の「現象人vs.本体人」という対比を用いて考えられている。カントのいう現象人とは「物理的諸規定を受けている主体」、本体人とは「物理的諸規定から独立した人格性」を指すが（KS 6, 239）、この対比に基づきショーペンハウアーは、「人間は自分を本体人として捉える程度が高ければ高いほど、現象人としての自分や、それが持つ何らかの利点に価値を置くことが少なくなる」(HN 2, 259) と述べている。――つまり、意志の否定は本来〝現象人から本体人への転換〟という図式で考えられていたのであり、これが主著で《身体の否定》が語られるそもそもの理論的根拠だったといえる。

ショーペンハウアーは法論で国家を《共同性なき共同体》として捉えていた。これとの対比でいうならば、〝現象人から本体人への転換〟としての禁欲は、まさしく《共同体なき共同性》と称するべきものだろう。そして、国家の契約主体が〝他者を単なる表象として扱う〟エゴイストであるならば、禁欲の実践主体は〝他者を単なる表象としてではなく同時に意志としても扱う〟ことを無条件の格率とする人間であるだろう。――そう解してこそ、報復を否定する主著の記述にも理解が届く。「彼らは罪がないのに敵から苦しみを加えられても、その敵を許す。……実際に、衷心から真面目に許すのであって、復讐など断じて望むものではない。」(SW 2, 465)

こうした報復否定の記述も、やはり解放戦争時のプロイセンの世相を念頭に置いている。一八一四年の「草稿三二六」では、戦争の原因を作ったナポレオンも人並みのエゴイストに過ぎないとし、「苦しみを与える側と被る側との違いは、ただ現象におけるものでしかない。すべては巨大な苦しみと結びついた一なる生への意志である。このことを認識すれば意志は転換し、消滅できる。」(HN 1, 202f.) と述べている。この記述は、主著に再録され、幾百万の人々にいいしれぬ苦悩を及ぼす「世界征服者」と、悪をもって悪に報復することを一切禁じている「キリスト教倫理」との対比として描かれる (SW 2, 422f.)。解放戦争への参加より、報復衝動からの脱却こそが真実の共同性である、との解釈も十分可能であるし、むしろそう解釈した方が理に適うと思われる。

3　ショーペンハウアーの受容史・批判史——社会哲学的観点から

以上、根拠律の社会哲学的受容史のなかに『意志と表象としての世界』の国家論を位置づけ、また同書の共同性論を解放戦争前後の思想的コンテクストのなかで再構成することにより、当時ショーペンハウアーが抱いていた政治的な関心や思想の一端を浮き彫りにしてみた。さて、こうした彼の社会哲学的側面は、その後のヨーロッパ思想史においてどの程度理解されてきたのだろうか。一般にショーペンハウアー受容史といえば、哲学のみならず文学・芸術に与えた影響も語られることが多いが、それらに関しては先行研究も多いため、本稿では社会哲学面に、それも代表的な論者たちの解釈に絞って略述したい。

（1）一九世紀後半——国家統一期

周知のように、ショーペンハウアーが思想界で大きく注目を浴びたのは、晩年の『余禄と補遺』（一八五一年）以降からであるが、アカデミズムからの本格的な批評が現れ始めたのは彼の死後、一八六〇年代からといえる。ビスマルク主導のもと普墺戦争・普仏戦争等を経てプロイセン中心の統一国家ドイツが形成されつつあった時期に当たる。

初期の特筆すべき研究は二人の精神史家の手による。中身を社会哲学面に絞っていうと、ハイムは「アルトゥール・ショーペンハウアー」（一八六四年）で、ショーペンハウアーの倫理的理想が「超人的で空虚な聖性」であり、国家的理想が「完璧で狡猾極まりない専制」であると述べ、これはかつてドイツ民族が捕われていた「理想と現実との融和不可能性」を示していると見なした。[21] また、ディルタイは「アルトゥール・ショーペンハウアー」（一八六四年）で、解放戦争期のショーペンハウアーにおける愛国心の欠如を指摘した上で、彼の道徳論と国家論は「まったく効力のない逆説」であると批判した。[22]

少し遅れて、いわゆるショーペンハウアー主義者とされる在野の思想家たちが現れるが、彼らはショーペンハウアーの共苦論とヘーゲル主義や社会民主主義とを接合させて一種のユートピア思想を提示した。ハルトマンは『無意識の哲学』（一八六九年）で、此岸への絶望も、彼岸への絶望も、積極的幸福の絶対的断念も、すべて否定的なものにすぎず、実践哲学と生が求める積極的立場は「世界過程の目標である普遍的な世界救済のために人格性が世界過程に完全に身を捧げること」であるとした。[23] またマインレンダーは『救済の哲学』（一八七六年）で、「賢明な英雄」すなわち、ブッダとラッサールとの特徴を総合した存在が、救済の歴史の代弁者であり手兵であると主張した。[24]

こうした在野でのショーペンハウアー再解釈の試みと並行して、新カント派陣営からのショーペンハウアー批判が始まった。イエリネクは『ライプニッツとショーペンハウアーの世界観』（一八七二年）で、個人を全体よりも優位に置くショーペンハウアーの原子論的思想によって「共同への関心が失われて、歴史における不断の発展という理念は理解されなくなった」として、民族意識や歴史意識の欠如を問題視した。[25] またヴィンデルバントは「ペシミズムと科学」（一八七六年）で、ショーペンハウアーの思想が科学的方法を欠いたまま現実社会の不備を指摘するに留まり、その「ペシミズムは不平と不快とを表す気分として社会の全階層を蝕みつつある」との判断を示した。[26]

さらにショーペンハウアー生誕百周年には、社会主義陣営からの批判が加わった。カウツキーは「アルトゥール・ショーペンハウアー」(一八八八年)で、一八四八年革命の際に鎮圧に協力的だったことなどショーペンハウアーの反動的態度を列挙し、彼をブルジョワジーの「卑小な金利生活者」であると切り捨てた[27]。またメーリングは「アルトゥール・ショーペンハウアー」(一八八八年)で、一八四八年革命で反動主義に寝返った自由主義者たちが悔恨の気持ちに捕われた一八五〇年代以降、彼らにとってショーペンハウアーの教説が「絶望の福音」として心地よく響いたと論難した[28]。

一方、アカデミズムにおいてショーペンハウアーの政治思想を評価する者も皆無ではなかった。中でもフォルケルトは『ショーペンハウアー』(一九〇〇年)で、歴史的に見てショーペンハウアーの国家論は十九世紀初頭ではフンボルトやペスタロッチに近く、「国家を人倫の完成形態と見なすヘーゲルとは深い溝で隔てられている」と評した[29]。

(2) 二〇世紀前半――世界大戦期

これら数々の批判にも拘わらず、ショーペンハウアーの政治思想はむしろ二〇世紀前半に積極的に評価された。とくに第一次世界大戦から第二次世界大戦にかけての時期、政治的現実との関係で、世界主義、保守主義、民族主義、社会主義といったさまざまな立場から、それぞれに対応すると見られた哲学者の側面が取り出されて強調された。

世界主義的受容の例は、ショーペンハウアー協会の創設者ドイセンである。彼は第一次世界大戦の最中、世間の好戦的風潮に抗して同戦争を「生への意志の肯定」による悲劇と見なし、協会に寄せられた「外国人会員を協会から締め出せ」という提案を拒絶した[30]。保守主義的受容の例はトーマス・マンである。彼は『非政治的人間の考察』(一九一五—一八年)で、ショーペンハウアーの一八四八年の反革命的態度や、遺言(同革命で廃兵となったプロイセン兵士や、死亡兵士遺族への遺産寄付)が、政治そのものに対する挑戦・嘲笑・否定であるとして、「この反政治的ないし超政治的な感覚は、ドイツ的であり、ドイツ市民的、ドイツ精神的である」と述べた(31)。民族主義的受容の例はグレーナーである。彼女はショーペンハウアー協会の会員であったが、「アーリア的共苦の道徳」を説き、低級な種族に属する人間ほど共苦の能力が少ないから、他者救済の念を軽蔑するのは「ユダヤ化」の徴であろうと論じた(なお、彼女を中心とする民族主義的会員は一九一九年に分派した)(32)。社会主義的受容の例はツィントである。一九二四年からショーペンハウアー協会会長も務めた彼は、もし今日ショーペンハウアーが生きていたら「社会主義者」であるだろう、彼の共苦論は若き日に社会の悲惨を直視して形成されたものであり、彼自身も他人の労働に依存した己の生活を道徳的には不正と捉え、「財産の正しく道徳的な取得は自らの労働によるしかない」ことを悟っていたからである、と論じた(33)。

こうした多様なショーペンハウアー受容の内に孕まれていた解釈の亀裂は、ナチスの台頭に伴い一層拡大することになった。ナチスの代表的イデオローグであったローゼンベルクは『二十世紀の神話』(一九三〇年)で、ショーペンハウアーの主意主義をゲルマン思想の典型と見なし(34)、一九三八年にダンツィヒで開催されたショーペンハウアー生誕百五〇年祭では、そのユダヤ思想批判にも言及した。ローゼンベルク流の哲学利用はヒトラーにも共通するものだった(35)。他方、ナチスに対抗する陣営においては、ショーペンハウアーの「非政治的」態度に対する批判が再び高まった。以前、反政治的・超政治的感覚を評価していたマンは、今度は「ショーペンハウアー論」(一九三八年)で、ショーペンハウアーの政治観は、ヘーゲルの「政治神格化」と同様に「俗物根性」に近づきはしないか、との問い直しを行った(36)。またフランクフルト学派のマウスは、「中道主義の素晴らしき地獄」(一九三八年）で、ショーペンハウアーのペシミズムは十九世紀を代表する矛盾を内に抱えたものであり、「諸個体の幸福への要求は、劣悪な現実に対して異議を申し立てるが、現実はこの要求を無化し、現実に永遠を保証するために、この要求を形而上学的満足でもって利用するのである」[37]と述べた。

もっとも、ショーペンハウアーに仮託して戦時の世相を批判する知識人もいた。姉崎正治（ドイセンと共にショーペンハウアー協会の設立発起人を務め、初めて『意志と表象としての世界』を完全邦訳した）は、第二次世界大戦勃発の一周年（一九四〇年九月一日）に「ショペンハウエルが心持はかくもあらうか」と十二首の歌を詠み、最後を「へだてなくてらすひかりの心にて／ひろくしづけき空にすまばや」と結んだ。[38]

（3）二〇世紀後半――東西冷戦期

世界大戦終結後、改めてショーペンハウアーに対する社会哲学的評価が議論された。それらは戦後のマルクス主義をめぐる論争を陰画のように映し出しているといえる。

第一に挙げるべきはルカーチによる《帝国主義の間接的弁護論者》という否定的評価である。彼は『理性の破壊』（一九五四年）でこう述べた――ショーペンハウアーは世界を単なる現象（＝観念）と見なして歴史の無価値さを強調し、現状追随・改革否定のペシミズムに陥った。物自体と現象とを峻別するこの「反弁証法的二元論」は反動政治と親和的であり、十九世紀後半のドイツ帝国主義を増長させた間接要因にほかならない、と。[39]

第二に挙げるべきは、ホルクハイマーによる《反体制的な批判主義者》という積極的評価である。彼は「ショーペンハウアーの現代的意義」（一九六一年）で、ルカーチが論難する反弁証法的二元論にこそ賛辞を寄せた。すなわち、ショーペンハウアーはあらゆるユートピアへの誘惑を断ち切って現実を批判する「明視を備えたペシミスト」であり、それゆえに同時代のナショナリズムの熱狂から距離を置き得たのだ、と。(40) ホルクハイマーの弟子シュミットもこの解釈を継承し、『理念と世界意志』(一九八八年)で、進歩史観の全盛期における《歴史信頼者ヘーゲル》に対する《歴史軽蔑者ショーペンハウアー》の闘いを描いた。同書によれば、世界の完全な解明を断念する「誠実な留保」において、ショーペンハウアーはヘーゲルと決定的に異なるという。(41)

第三に挙げるべきは、山下太郎による《保守主義の皮を着た革命主義者》という折衷的評価である。彼の『社会存在の理法』(一九八二年)は世界的に見ても当時最も平衡感覚のあるショーペンハウアー論の一つといえるが、国家の必然悪を全面的に洞察した上でその限界を内面的に克服して「真に主体的に自己と社会の上に立つ超越的な存在になり切ること」、すなわち「自存性」がショーペンハウアーの真意であったと論じた。(42)

以上の三タイプ四人の説を俯瞰すると、ルカーチは、ヘーゲルの弁証法を《進歩主義＝本道》と見なし、これとの対比でショーペンハウアーの二元論を《反動主義＝邪道》に位置づけている。他方、ホルクハイマーとシュミットは、ヘーゲル的な進歩の観念を独断的な《ユートピア主義》として斥け、これとの対比でショーペンハウアーを《批判主義》の最先鋭に位置づけている。また山下は、社会契約説を克服した二大思想として、ヘーゲルの《絶対精神》と、ショーペンハウアーの《自存性》とを対比させ、両者の総合に《マルクス主義と実存主義の統一》という課題への手がかりを見ようとしている。いずれの説もヘーゲルを主軸ないしは頂点に据えた言わば《ヘーゲル中心史観》に立っているが、これは論者たちがマルクス主義の存在を意識するあまりに、それとの連続性が明確なヘーゲルを中心に歴史を記述せざるを得なかったからだと思われる。

ショーペンハウアー生誕二百周年(一九八八年)頃から、総合的な哲学史的・文化史的コンテクストのなかで彼の政治思想を扱う機運が出てきた。伝記的研究としてはザフランスキーの『ショーペンハウアー』(一九八八年）がある。同書は、政治なしに全的人間は実現しないとされた十九世紀にあって、政治概念を極力痩せ細らせる主張をした点にショーペンハウアーの独自性を見ている。(43) また、本格的な成立史・解釈史研究としては鎌田康男『若きショーペンハウアー』（一九八八年）(44) がある。同書はショーペンハウアーの体系がフランス革命後の新秩序を模索したものであったことを教えてくれる。東西冷戦の雪解けを機に、改めて多角的なショーペンハウアー評価の地平が開かれてきたといえる。

（4）そして現代へ

それでは、二一世紀の現代においてショーペンハウアーを読むとはどういうことか？　冷戦終結の安堵感も束の間、世界各地で民族紛争が勃発して《文明の衝突》が語られ、二〇〇一年九月一一日のニューヨーク同時多発テロ事件以降、《テロとの闘い》を合言葉に欧米諸国でも自国中心主義が勢力を強め社会を揺さぶっている。このような時勢にショーペンハウアー哲学はどのようなアクチュアリティを有しているのだろうか。

改めて、根拠律の社会哲学史（本稿第1節）に照らすと、現代の軍事思想のうち基本的なものが、十九世紀初頭までにほぼ出揃っていることが分かる。近代以降の軍事思想は主に二つの観点から分類できる。一つは〝常備軍制か民兵制か〟という観点（すなわち、兵役の担い手が職業軍人か一般市民か。換言すれば、国家が平時に軍隊を持つか持たないか）である。もう一つは〝徴兵制か志願兵制か〟という観点（すなわち、兵役を国民に義務化するかしないか）である。この二つの観点を掛け合わせると、四つの立場が出てくる。

A：兵役は職業軍人が中心的に担うが、国民全体の義務でもある。

B：兵役は職業軍人が担うものであり、国民全体の義務ではない。
C：兵役は一般市民が担うもので、それは国民全体の義務である。
D：兵役は一般市民が担うが、必ずしも国民全体の義務ではない。

これらの立場はそれぞれ、以下の哲学者たちが唱えたものである。

A＝ヘーゲル（常備軍制＋徴兵制）
B＝ショーペンハウアー（常備軍制＋志願兵制）
C＝フィヒテ（民兵制＋徴兵制）
D＝カント（民兵制＋志願兵制）

また、現在の国家でいうと、以下のような国々に対応している（二〇一八年二月現在）。

A＝イスラエル（男女とも徴兵）、スイス（女子任意）、ロシア（男子のみ徴兵）等
B＝イギリス（一九六〇年に徴兵制廃止）、ドイツ（二〇一一年に徴兵制廃止）等
C＝コスタリカ（常備軍を持たないが、有事での徴兵制を憲法で認めている）等
D＝アイスランド（沿岸警備隊を持つ）、サンマリノ（国境警備隊を持つ）等

ちなみに中国は志願兵を主力としつつ一部に徴集兵を組み合わせるという折衷型（A&B）をとっている。また、アメリカは実質的には志願兵制であるが、男子の徴兵登録を義務化（＝選抜徴兵制）している点で一種の折衷型（A&B）といえる。さらに付言すると、民兵制国家（C・D）は、集団安全保障体制に参加しているか、特定の国家に防衛を依存している場合が多い。

翻って日本を見るに、憲法解釈によって見解が異なってくる。憲法第九条を常備軍の否定（＝民兵制）と解釈する場合でも、徴兵制（C）か志願兵制（D）かでは意味が相当異なるが、その点にまで論及する見解はあまり聞かない。また、自衛隊を常備軍と見なす場合、日本は志願兵制（B）をとっていることになるが、以前から志願兵制については、経済格差が入隊率に影響する（＝低所得者層からの志願率が高い）ので不公平だとの批判もある（それゆえ志願兵制を「経済的徴兵制」と表現する論者もいる）。現に近年、憲法改正論議を機に徴兵制導入（ただし代替役務に服する条件で良心的兵役拒否を認める）を検討してはどうかという見解（A）も一部に出てきている。(45)

フランスは一九九〇年代から徴兵制を廃止していたが、二〇一八年一月、《テロの脅威》に備えるために、十八～二一歳の男女に約一ヶ月の兵役義務を課す方針を発表した。そもそもテロリストは志願兵であり民兵であるから、国境を持たない点を除けば軍事思想的にはDに近い（その限りで共和主義の理念と親和性がある）。フランスで一部の若者がテロリズムの大義に惹かれる背景には、格差社会に対する不満があるとも聞くが、同国がBからAに軍制を切り替えるのは、社会不満がテロリズムの助長に繋がらないよう、フランス革命以来の平等の理念に訴えるという側面もあると考えられる。

ショーペンハウアーは一般兵役義務を拒否した最初の一人であった。そして彼の国家論も個体性を全体性に優先させるものであった。国家に軍隊が不要とは考えていないが、個人の生命よりも国家の存続を優先すべき理由はないというのである。だが、この《常備軍制＋志願兵制》という国家論（Ｂ）が個体のエゴイズムを立脚点に据えたものであるからこそ、《常備軍制＋徴兵制》（Ａ）の立場がエゴイズム批判（平等主義）という倫理的コンテクストでも登場してくるのである。それゆえ、常備軍制国家には、他人の犠牲の上に自己の安寧を得る「不正」状態がいかに最小限に抑えられているかが問われているといえる。この問題が徴兵制なしに克服可能かどうか筆者自身思索中であるが、ショーペンハウアーの共同性論（本稿第２節）から考えられる示唆を若干挙げて結びとしたい。

結びに――ショーペンハウアー社会哲学の意義

一、正義論。ショーペンハウアーは、国家は必要悪であるが、その悪の側面（刑罰による威嚇）を最小限に抑えるには、国家の成員の側に、不正をしないという道徳性が必要であると考えていた。国家が不正の増加に応じて法律を増やし続けた暁には、成員にとって法的抑止の苦痛が国家契約の利益を凌駕しかねないからである。不正をしないことが単なる無為ではなく、国家的自由の条件でもあるという視点から、成員相互で何が「不正」に当たるかが常に吟味される必要があるだろう。この点は次の共苦論に接続する。

二、共苦論。ショーペンハウアーは遺言で、一八四八年革命で廃兵となったプロイセン兵士と死亡兵士遺族に遺産の一部を寄付したが、これは軍事主義の支持ではなく、国家の命で犠牲になった人々への（国家による補償が不十分であったゆえの）支援であった。また彼のいう共苦はそもそも国家の範囲に限定されるものではなく、やむなく国家を捨てた人や国家から捨てられた人をも包摂するものである。現代では、海外の兵役拒否者や政治亡命者の受け入れ支援もこれに入るだろう。この点は次の禁欲論に接続する。

三、禁欲論。ショーペンハウアーは常備軍制を支持したが、それでも《報復の否定》を説いたのは、《必要悪としての国家》の悪の側面（軍事力）を最小限に抑えられるかどうかが、最終的には主権者の道徳性によるからである。個人の禁欲が自己の暴力性の認識から生じるものだとすれば、軍事上の禁欲は、主権者が自国の暴力性を認識すること（たとえば戦争での負の歴史を知ること）によって可能になるだろう。国家間での《不正の否定》は各国主権者の正義感覚が支えるものである。この点は再び正義論へと回帰する。

注意すべきは、以上の共同性が国家によって強制されるべきものではないという点である。政治に善行を期待するのでも、政治に善行を施していると自惚れるのでもなく、常に政治と一定の距離を置きつつ、またこの非政治性も一つの政治性にすぎないことを自戒しつつ、なお言わざるを得ないことをいい、為さざるを得ないことを為す。それが一見「非政治的」なショーペンハウアーが体現した「政治性」であったと考える。

注

ショーペンハウアーからの引用は下記のテクストを底本にし、本文中に（　）で略号・巻数・頁数を記した。原則として拙訳によるが、既訳も複数参照した。

SW Schopenhauer, Arthur. *Sämtliche Werke.* Hrsg. v. Arthur Hübscher. 7Bde. Wiesbaden: F. A. Brockhaus, 1972.

HN Schopenhauer, Arthur. *Der Handschriftliche Nachlaß.* Hrsg. v. Arthur Hübscher. 5Bde. Frankfurt am Main: Verlag Waldemar Kramer, 1966–1975.

GB　Schopenhauer, Arthur. *Gesammelte Briefe*. Hrsg. v. Arthur Hübscher. Bonn: Bouvier Verlag, 1987.

（1）Leibniz, *Die philosophischen Schriften*, Bd. 7, hrsg. v. Carl Immanuel Gerhardt, Hildesheim: Georg Olms Verlagsbuchhandlung, 1965, S. 289f.　酒井潔「ライプニッツ『二四の命題』解説」（『ライプニッツ著作集8』工作舎、一九九〇年、五三―六二頁）、長綱啓典『ライプニッツにおける弁神論的思惟の根本動機』（晃洋書房、二〇一一年、三五―三八頁）参照。

（2）Immanuel Kant, *Kritik der reinen Vernunft*, in: *Kants gesammelte Schriften*, Bd. 3, Hrsg. v. der Königlich Preußischen Akademie der Wissenschaften, Berlin: Druck und Verlag von Georg Reimer, 1900ff., S. 370-373.

（3）Kant, *Kritik der praktischen Vernunft*, in: *Kants gesammelte Schriften*, Bd. 5, S. 30.

（4）Kant, *Grundlegung zur Metaphysik der Sitten*, in: *Kants gesammelte Schriften*, Bd. 4, S. 429.

（5）Kant, *Zum ewigen Frieden*, in: *Kants gesammelte Schriften*, Bd. 8, S. 345.

（6）Kant, *Die Metaphysik der Sitten*, in: *Kants gesammelte Schriften*, Bd. 6, S. 345f.（樽井正義／池尾恭一訳『人倫の形而上学』〔『カント全集11』所収〕岩波書店、二〇〇〇年、一九五頁）

（7）Johann Gottlieb Fichte, *Grundlage der gesammten Wissenschaftslehre*, in: *Fichtes Werke*, Bd. 1, Hrsg. v. I. H. Fichte. 11Bde. Berlin: Walter de Gruyter, 1971, S. 111.（隈元忠敬訳『全知識学の基礎』〔『フィヒテ全集4』所収〕晢書房、一九九七年、一一四頁）

（8）Fichte, *Reden an die deutschen Nation*, in: *Fichtes Werke*, Bd. 7, S. 431.

（9）G. W. F. Hegel, *Wissenschaft der Logik: Die Lehre vom Wesen*（1813）, 2., verbesserte Auflage, hrsg.v. H.-J. Gawoll, Hamburg: Felix Meiner Verlag, 1999, S. 67f.

（10）Ebd., S. 68.

（11）Hegel, *Enzyklopädie der philosophischen Wissenschaften im Grundrisse*, erster Teil, in: *G. W. F. Hegel Werke*, Bd. 8, Redaktion E. Moldenhauer und K. M. Michel, Frankfurt am. Main.: Suhrkamp Verlag, 1970, S. 251f.

（12）Ebd., in *G. W. F. Hegel Werke*. Bd. 10, S. 304f.

（13）Ebd., S. 330.

(14) Ebd., S. 347.
(15) Hegel, *Ggundlinien der Philosophie des Recht*, in: *G. W. F. Hegel Werke*, Bd. 7, S. 494f.（藤野渉／赤澤正敏訳『法の哲学』〔『世界の名著35　ヘーゲル』所収〕中央公論社、一九六七年、五八五頁）
(16) Ebd., S. 421.
(17) 後に『余禄と補遺』では、一般兵役義務制に反対している（SW6, 519f.）。
(18) Fichte, *Das System der Rechtslehre*, in: *Fichtes Werke*, Bd. 10, S. 540.
(19) Fichte, *Das System der Sittenlehre*, in: *Fichtes Werke*, Bd. 11, S. 93.
(20) 後者は第二版（一八五一年）ではブルーノに換えられている。
(21) Rudolf Haym, "Arthur Schopenhauer", in: *Haym, Kautsky, Mehring, Lukács: Arthur Schopenhauer*, Hrsg. v. Wolfgang Harich, Berlin: Aufbau Verlag, 1955, S. 147f.
(22) Wilhelm Dilthey, "Arthur Schopenhauer", in: *Gesammelte Schriften*, Bd. 15, Hrsg. v. Ulrich Hermann, Göttingen: Vandenhoeck&Ruprecht, 1970, S. 60f. 詳しくは齋藤智志「ショーペンハウアーの国家論」、『西洋哲学研究』創刊号、西洋哲学研究会、二〇一一年、六七―八四頁を参照のこと。
(23) Eduard von Hartmann, *Philosophie des Unbewussten*, Berlin: Carl Duncker's Verlag, 1869, S. 638. Vgl. Ludger Lütkehaus, "Pessimismus und Praxis. Umrisse einer kritischen Philosophie des Elends", in: *Schopenhauer und Marx. Philosophie des Elends – Elends der Philisiphie?*, Hrsg. v. Hans Ebeling und Ludger Lütkehaus, Königsstein: Hain, 1980, S. 25-27.
(24) Philipp Mainländer, *Die Philosophie der Erlösung*, Berlin: Verlag von Theobald Grieben, 1876, S. 130, 594. Vgl. Ludger Lütkehaus, "Pessimismus und Praxis", in: *Schopenhauer und Marx*, S.27f.
(25) Georg Jellinek, "Die Weltanschauungen Leibniz' und Schopenhauers", in: *Ausgewählte Schriften und Reden*, Neudruck der Ausgabe Berlin 1911, 2Bde, Darmstadt: Scientia Verlag Aalen, 1970, S. 12-13.
(26) Wilhelm Windelband, *Präludien: Aufsätze und Reden zur Philosophie und ihre Geschichte*, 7. u. 8., verbesserte Auflage, Bd. 2, Tübingen: Verlag von J. C. B. Mohr, 1921, S. 219.
(27) Karl Kautsky, "Arthur Schopenhauer", in: *Haym, Kautsky, Mehring, Lukács: Arthur Schopenhauer*, S. 172f.

(28) Franz Mehring, “Arthur Schopenhauer”, in: *Haym, Kautsky, Mehring, Lukács: Arthur Schopenhauer*, S. 202f.

(29) Johannes Volkelt, *Arthur Schopenhauer: Seine Persönlichkeit, seine Lehre, sein Glaube*, 4. Auflage, Stuttgart: Fr. Frommann Verlag, 1908, S. 344.

(30) Andreas Hansert, *Schopenhauer im 20. Jahrhundert: Geschichte der Schopenhauer-Gesellschaft*, Wien: Böhlau, 2010, S. 41.（アンドレーアス・ハンゼルト『二〇世紀におけるショーペンハウアー――ショーペンハウアー協会史』高辻知義訳、『ショーペンハウアー研究』第18号、日本ショーペンハウアー協会、二〇一三年、一七七―一七八頁）

(31) Thomas Mann, *Betrachtungen eines Unpolitischen*, Frankfurt am Main: S. Fischer Verlag, 1956, S. 123f.

(32) Hansert, S. 55.（ハンゼルト、高辻訳『ショーペンハウアー研究』第19号、二〇一四年、一四二頁）

(33) Hansert, S. 73-75.（ハンゼルト、高辻訳『ショーペンハウアー研究』第20号、二〇一五年、一二〇―一二一頁）

(34) Alfred Rosenberg, *Der Mythos des 20. Jahrhunderts*, München: Hoheneichen Verlag, 1935, S. 323-344.

(35) 第三帝国におけるショーペンハウアー受容の問題に関しては、三輪信吾「ショーペンハウアーとファシズム」、『現代科学論叢』第二七・二八合併集、現代科学研究会、一九九四年、一六―二七頁が詳しい。

(36) Thomas Mann, “Schopenhauer”, in: *Gesammelte Werke*, Bd. 9. Frankfurt am Main: Fischer Verlag, 1960. S. 564f.

(37) Heinz Maus, “Die Traumhölle des Justemilieu”, in: *Schopenhauer und Marx*. S. 54.

(38) 姉崎正治「訳文改訂序言」、ショペンハウエル『意志と現識としての世界』姉崎正治訳、前篇第一巻、改造文庫、一九四一年、一八頁。

(39) Georg Lukács, *Georg Lukács Werke Bd.9: Die Zerstörung der Vernunft*. Darmstadt: Hermann Luchterhand Verlag, 1974, S. 209.

(40) Max Horkheimer, “Die Aktualität Schopenhauers”, in: *Gesammelte Schriften*, Bd. 7, hrgs. v. Gunzelin Schmid Noerr, Frankfurt am Main: S. Fischer Verlag, 1985, S. 127.

(41) Alfred Schmidt, *Idee und Weltwille: Schopenhauer als Kritiker Hegels*, München: Carl Hanser Verlag, 1988, S. 132.

(42) 山下太郎『社会存在の理法――ヘーゲルとショーペンハウエル』公論社、一九八二年、一九三頁。

(43) Rüdiger Safranski, *Schopenhauer und Die wilden Jahre der Philosophie*, München: Carl Hanser Verlag, 1987, S. 347.

（44） Yasuo Kamata, *Der junge Schopenhauer: Genese des Grundgedankens der Welt als Wille und Vorstellung*, Freiburg: Verlag Karl Alber, 1988.

（45） その一例として、井上達夫／小林よしのり『ザ・議論！』毎日新聞社、二〇一六年、一六八—一八四頁を挙げることができる。

＊本研究は、ＪＳＰＳ科研費17K02183ならびに17H02281の助成を受けたものである。

ショーペンハウアー哲学は意志形而上学か？

齋藤智志

はじめに

ボルノーはその著『実存哲学』で、実存哲学という思想運動は一九世紀末から二〇世紀初頭にかけて「生の哲学が本来的な意味で着手した動向の徹底化」と解すれば最もよく理解できる、としている。では、ここで言われる「動向」とは何か。それは、人間の生を理解するにあたって「それを超え出た設定をいっさい廃し、生を純粋に生そのものから理解する」という目標設定であり、人間の生を「あらゆる哲学的認識や、あらゆる人間の営為一般がそこに根ざしており、つねにそこに立ち戻らなければならない究極の関係点」として発見しようとする試みである。しかし生の哲学は、その基礎をなす生概念の多義性と、そこから招来される相対主義という問題をその誕生の瞬間から抱え込まざるをえなかった。そしてこのことが「実存哲学の登場をわれわれに納得させる事態を決定した」とされる。実存哲学は、生の哲学が招来した相対主義による混乱や破壊に抗して、「ふたたび確固とした拠り所を、あらゆる相対化の可能性の彼方に自立しているであろう絶対的なものを獲得しようとした」。そうした拠り所は「自己の内面」に、すなわち「あらゆる内容的規定に先立って存在している究極的な深み」に立ち戻ることによってのみ見いだすことができる。人間のこうした「最内奥の核」が、キルケゴールにまで遡る「実存の概念」である。(1)

さて、ボルノーによる以上のような見立てに対して、ショーペンハウアーを主題とする本稿が向ける関心の所在は、実存哲学の先駆と位置づけられた生の哲学の概念の範囲確定にあたって、ボルノーがニーチェとディルタイというきわめて異なった性質の二人を挙げてその範囲を示そうとしている点である。(2)ボルノーの別著『生の哲学』ではこの事態は、「ニーチェとディルタイという二人は、両者がまったく異なっているという点によって、生の哲学の可能性の範囲全体を明確にしている」(3)と表現されている。では、生の哲学の〈両極〉を形成する者と位置づけられたこの二者は、それぞれどのような特徴づけをもってそうした位置に配されているのか。

美学的考察から出発したニーチェは、ディオニュソス的原理によって生との新しい根源的関係を啓示し、後にはそれに基づいて超人という新しい人間像を呈示した、生の哲学という運動における「倫理学者」であった、とされる。ヨーロッパのニヒリズムの全貌を背景にして新たな偉大さを取り戻すよう鼓舞した彼にとっては、畜群を超脱した偉大なる孤独の中にある人間こそが価値ある存在であった。他方、精神諸科学の方法的自立という学問的問題意識を抱いていたディルタイは、「包括的な生の哲学の基礎づけ」に向かい、歴史的理性批判とも称されることになるプログラムのもと、人間の歴史性の学問的理解に向けて決定的な一歩を踏み出した。彼は、個人をより大きな歴史的連関に組み込まれた存在と見たのである。(4)

では、こうした二者を両極とする生の哲学のシェーマにショーペンハウアーを位置づけるとしたら、どうなるであろうか。まず考えるべきは、ショーペンハウアー哲学がニーチェはもとよりディルタイに対しても、「いわば時代の思考構造として」(5)、単純な肯定でも否定でもない、複雑で陰影に富んだ影響を与えているということである。(6)あるいはここで、ハイデガーの言を思い起こすべきかもしれない。すなわち、ショーペンハウアーの主著たる『意志と表象としての世界』が「一九世紀全体ならびに二〇世紀の思考全般をきわめて持続的に規定してきた」としたうえで、そのことがじかに明るみに出ない場合でも、あるいはショーペンハウアーの命題が論難される場合でさえもそうなのであって、我々はあまりにも容易に忘れてしまうのであるが、むしろ「思想家というものは、同意される場合よりも論難される場合にいっそう本質的に働きかけるものなのだ」というハイデガーの指摘を、(7)である。生の哲学の両極を成す二人の哲学者とも、まさに自らの哲学を鍛え上げるにあたって、ショーペンハウアーとの対決を経なければならなかったのである。そうであれば我々の関心は必然的に、両者がショーペンハウアーの何を批判したのか、という点に向く。

ニーチェとの関係については、あまたある研究をご参照願おう。(8)本稿は、ニーチェと比べればショーペンハウアーとの関係が語られることの圧倒的に少ないディルタイに着目する。さしあたりディルタイ自身がショーペンハウアーやニーチェとの距離をどう測定していたかについて、ボルノーのシェーマに則って何点か指摘しておく。まずディルタイは、自分自身の生に自閉する——すなわち「ただ自分自身について語っているにすぎず」、「自らが住まう一隅を世界と見なしてしまう」(GS, VIII, 198)——、いわば「自我主義」(9)の哲学だとディルタイが断じる流行思潮に否定的な意味で「生の哲学」(GS, VIII, 197) という名を与えたうえで、その中にショーペンハウアーとニーチェを入れている。また、こうした批判と関連して、ショーペンハウアー哲学の学問性軽視が断罪される。ディルタイ自身もそれに連なっていると自認していた実証的学問の厳密な方法を通して経験に基礎づけられた健全な哲学の始まりとは無縁の場所にショーペンハウアーは立っていた、というのがディルタイの診断であった（GS, XVI, 356 u. GS, XV, 53）。

しかし、ディルタイのショーペンハウアー評価、ならびにディルタイ自身によって測られた、右記シェーマ上の両者の距離の妥当性を判断するには、その前段としてまずディルタイによるショーペンハウアー理解の妥当性が評価されなければならない。だが、その課題をここで全面的に展開する余裕はない。そこで本稿は、特にショーペンハウアーの意志論に着目してこの課題解決の一部を遂行する。実のところ、ディルタイによるショーペンハウアー意志論批判は、伝統的で典型的なショーペンハウアー理解（誤解）のいわば雛形の様相を呈している。その意味でディルタイのショーペンハウアー批判は格好の検討素材なのであり、その検討を通して、タイトルとして掲げた問いに答えようというのが本稿の目的である。(10)

一　ディルタイによるショーペンハウアー意志論批判

ディルタイによるショーペンハウアーの意志論評価は、歪められていない経験に基づいて思考するというディルタイの根本テーゼに応ずるかたちで、ショーペンハウアーの意志論の心理学的な意義と妥当性は一定程度認めるが、形而上学的側面は否認するという基本姿勢で一貫している。本節では、一八六二年に書かれたショーペンハウアー論と一八七八年の心理学講義に基づいてこの点を確認する。

右の講義でディルタイは、「ショーペンハウアーの心理学は彼の体系にあって価値あるものであり、彼のこの心理学的根本把握は、彼の体系にあって心を打ち、魅了し、心奪うものである」（GS, XXI, 121）との評価を下している。肉体的快感は強度の点で、きわめて強い肉体的苦痛に著しく劣っており、したがって「有機的生命における苦痛の優位に関するショーペンハウアーのペシミスティックな教説は、事実によって証明される」(GS, XXII, 310) といった別講義での指摘が、そうした評価の一例である。また、次のようなショーペンハウアーの考えは、「心的事実としては正しい」(GS, XXI, 126) とされる。すなわち意志は一方では、「我々の感情が意志の阻止や要求と対応しており、それゆえ意志の中に引き入れられているのであるから、我々の感情とそれ以上は究明しえない関連を有しており」(GS, XXI, 127)、他方では「意志が客観を持つかぎりで、すなわち表象された動機が意志の運動の動因と素材であるかぎりで、表象と関連している」(GS, XXI, 126) という考えである。後者を換言すれば、「意志行為の本質は動機への反応である。意志および意志の自由の問題は、反応と可能な動機とのあいだの関連の合法則性の問題である。私の有する動機への反応、これが意志一般の本質である。」(GS, XXI, 128) ということになる。

しかし、ディルタイがショーペンハウアーと共有するのはあくまでも「出発点」、すなわち「人間的意志は或る根本的なものであるという点」までであり、ショーペンハウアーの形而上学については論じられない。なぜなら「それは確固たる基礎を欠いている」(GS, XXI, 121) からである。トレンデレンブルクがその著『論理学研究』で「我々はショーペンハウアーを読むとき、我々が知っている意志についての研究におのずと専心する。しかし、我々はその意志を知らないもののように受け取るしかないのだ。」と述べていることを受けて、ディルタイは、そうなるのは「意志を、その客観化の最初の現われである知性を完全に欠いた形而上学的原理として考えるよう求められている」(GS, XVI, 364) からだとしている。そして、それにもかかわらず、プラトン的イデアを欲し、法則に従って事物の組織だった秩序のうちで現象するのはまさにこの無根拠で盲目的な意志なのであり、「ショーペンハウアーの意志概念のこうした曖昧さ」ゆえに、我々はショーペンハウアーを読むとき、「形而上学的な意志概念と心理学的な意志概念とを交互に取り替えるということをくり返すことになる」(GS, XVI, 364f.)、とされる。

またディルタイによれば、同様の曖昧さは意志の否定に関するショーペンハウアーの教説にも見られる。というのも彼の教説によれば、「個人が知性と客観化とに先行する一なるものに戻ったとき、実はそこでは、その個人が否定しようとしていた意志そのものがふたたび見つけ出されるだけなのであり、かくしてその個人はまたもや迷妄に支配されることになる」(GS, XVI, 365) からである。それゆえディルタイは、「ここで言われている、否定されるべき意志とは、形而上学的な意味で解されるべきものではなく――ショーペンハウアーがそうした意味で解そうとしているのははっきりしているが――、むしろ心理学的な概念に従って解されるべきものだろう」(Ebd.) との代案を提出している。

さらにディルタイは、「意志が何ものかを意志するというショーペンハウアーの命題は、彼の哲学全体を破棄する」(GS, XXI, 126) と断じる。というのも、ショーペンハウアーは一方では「意志が原初的なものであり、知性は後から付加された二次的ものにすぎない」としているが、意志が意志する「何ものか」とは、「ただ意識を持った存在にとっての表象内容として考えることができるのみ」であり、それゆえ意志が何ものかを意志する以上、「意識された表象を持たない意志は、それ自体矛盾である」からである (GS, XXI, 128)。換言すれば、ショーペンハウアーは一方では意志の根源性（知性に対する優位）を説きながら、他方では意志が何らかの表象内容を意志すると言うことで、実質的には「(一般に何かが現存するのはそれに対してであるところの) 知性の、意志に対する優位を前提している」(GS, XXI, 126) というわけである。

以上のディルタイによるショーペンハウアー意志論批判を総括するなら、形而上学的意志と心理学的意志の関係の曖昧さ、意志と知性の関係の不明瞭さ、意志否定論の矛盾、の三点の指摘に整理できるであろう。ここには伝統的で典型的なショーペンハウアー意志論批判の〈型〉がすべてそろった格好となっている。残念ながら、紙幅の制限ゆえにこのすべてを扱うことはできない。以下では、第一と第三の批判を念頭に置いて論を進めることにしたい(11)。

二　ショーペンハウアーの超越論的意志論

さて、以上のような批判に本稿はどう応えるのか。着目すべきは、ショーペンハウアーが意志に見いだした二つの契機である。それらは学位論文『充足根拠律の四方向に分岐した根について』第一版（一八一三年）から主著たる『意志と表象としての世界』第一版（一八一八／一九年）に至るまでのあいだで次第に明確な形を取ることになるが、学位論文でもすでに様々な言い方で示唆されている。したがってここでは、学位論文ならびに同時期の遺稿に基づいて意志のその二契機を摘出し、もってショーペンハウアー意志論の内容を正確に見定めることにする。着手点は、次のテクストである。「我々が何かを想像しているときに突然映像が現れる場合であれ、判断がそれに先立って現在した根拠に基づかずに帰結する場合であれ、そうした映像や判断の一切は必ず、意志作用によって引き起こされる。」(Go, 80. 傍点引用者)

ここで示唆されている意志の二契機を顕在化させれば、以下のようになる。第一に、意志の作用には認識の次元に発現し、表象を成立させる契機がある。眼前の対象、例えばいま読んでいるこの論文やその文字が知覚され、表象として意識に現れるためには、論文や文字に自発的に注意を向けねばならない。この自発性こそ、意志の働きである。さらに、こうした自発性が向けられるのは、眼前の対象にはかぎらない。現在経験できないものに注意を向けて、その表象を意識に現在化することもできる。記憶やファンタスマがそれである。[12]また、主観の直観形式である時間・空間や因果性のカテゴリーは、意志作用が働いて初めて発動し、認識を形成することができる。かくしてあらゆる認識は、その次元に発現する意志の作用によって構成され、維持されることになる。このようにまず意志には、経験世界の超越論的制約という契機がある。[13]学位論文の次の件は、意志のこうした契機を明らかに示唆している。「意志は、ただ直接の客観〔＝身体[14]（引用者補足）〕に対して、したがって外界に対してのみ因果性を有するだけではなく、認識主観に対しても因果性を有する。すなわち意志は、認識主観にかつて現在したことのある表象を強制的にくり返すことができるし、そもそもあれこれのものに注意を向けたり、一連の任意の思想を呼び起こしたりすることも強制できるのである。」(Go, 80)

さて、意志のもう一つの契機に移る。「自我」とは、認識主観と意欲の主体との同一性を示す言葉だが、意志の超越論的契機が前者に関わるものであるのに対して、もう一つの契機は後者に関わる。行為の担い手としての我々は、絶えず何かを決意し、それを実現している。そのさい先に述べた想像などの場合とは違って、経験に与えられていないものの表象を意識に現在化するだけにとどまらず、その表象を経験のうちで現実のものとし貫徹しようとする。すなわち決意は、行為として現実を作り替え、与えられた現実を越え出ていこうとする働きである。こうした働きに担われていることが行為者としての人間の実相である。ところが我々は、自分の「願望」の動機については語れても、「真の意志作用である決意」[15]の動機を説明することはできない。すなわち、対立しあう二つの願望のうちの強い方が決意によって意欲になるのだと言われても、いったいなぜ意欲する主体があれこれのことをそれほどまでに強く願望するのかの説明にはなっていないのである。したがってこれを説明しようとするならば、経験的制約である動機ではなく、内官の客観にはなりえない意欲の主体の或る状態を、すなわち時間の外にあって認識されることのない意志（という主体）を決意の「必然的（nothwendig）」制約として前提しなければならない（Go, 75f.）。そして、こうした意志の契機が極まったとき、ショーペンハウアーはそれを主著では「盲目的な生への意志」と呼ぶ。すなわちこの名のもとに考えられているのは、現実を対象化し、自らの目的にかなうよう新たに秩序づけ、あるいは構築し直すことによって我がものにしようとする、意志の弁証的な契機である。本節の最初の引用で強調しておいた「判断」とは複数の概念が結合したものであるが、概念は意志の弁証的契機の道具だとされる。ゆえに、その引用文ですでに意志の弁証的契機が示唆されていると言えるわけである。

そこで次に、意志の以上の二契機の区別がショーペンハウアーのなかでいかにしてより明確化していったのかを、概念論を手がかりとして追うことにしたい。着手点は、一八一四年に書かれた次の草稿である。「たいていの人間は、自分の身に起こることのすべてに関して、すぐに抽象概念を探し求める。……これは、彼らが意志の対象としてしか世界に興味がないからである。」（HNI, 159）学位論文では、概念を使えば直観的表象からその都度の「目的」に合致した部分や関係だけを取り出してこられるので、「概念こそが学問本来の素材である」（Go, 51）と言われていた。しかし右の草稿では、概念の持つ〈目的に集中する機能〉が明らかに否定的に捉えられている。また、ここで言われている意志が、意志の弁証的契機であることも容易に理解できる。概念的思考が意志の弁証的契機の道具であるということが自覚されだしてくる。そしてこの考えは、哲学を「知識（学問）としての哲学」と「芸術としての哲学」（HNI, 186）とに分けるというかたちで徹底される。[18]

ショーペンハウアーは、意志の弁証的契機が概念による学である哲学にも浸透しているとして、この契機の表現である哲学を「知識としての哲学」と位置づけ、その危険性を指摘する。すなわち知識としての哲学は、世界のありようの本質を概念操作によって構築することで世界を知的に支配しようとする（時としてそれは具体的行為にまで及ぶ）。知識としての哲学にとっては、世界も世界についての概念も、意志実現のための手段にすぎない。それに対してショーペンハウアーは、自らの哲学的営為を「芸術としての哲学」と位置づけ、知識としての哲学に対置する。芸術としての哲学は、意志の弁証的契機に盲従するのではなく、世界のありようの本質を、世界が直観されるままに認識することを目指す。あるいは、そうした世界の意味を理解し、それを記述し、説明しようとする。そして、こうした哲学のありようが可能になるためには、意志の弁証的契機とは別に、純粋な認識のみを成立させる契機が前提されなければならない。言うまでもなく、それが意志の超越論的契機である。

以上のように意志の二契機を区別することで初めて、我々が「単なる純粋な認識主観」であるときは「意志への奉仕から完全に自由になることができる」（WI, 233）といった主著での主張の真意も明確になる。また、意志の否定の議論に関して従来矛盾だとされてきた事柄、すなわちショーペンハウアーは一方で「意志がなければ、表象もなく、世界もない」（WI, 486）と言いながら、他方で「認識だけが残り、意志は消え去ってしまった」（Ebd.）という状態を考えており、この二カ所は整合していないという指摘は、前者が「意志の超越論的契機がなければ、表象もなく、世界もない」ということであり、後者が「意志の超越論的契機による認識だけは残り、意志の弁証的契機は消え去ってしまった」という事態であると解釈することで、統一的に矛盾なく理解できるようになる。さらに以上から明らかなように、ショーペンハウアーの言う意志の否定とは、何らかの意志的実体の絶滅といった事態ではなく、超越論的制約としての意志作用の単なる不活動（PII, 331）を意味しているのである。(19)

三　ショーペンハウアーの自然哲学における意志

だが、以上のような見解を前にしても、論難者はまだこう言って批判を続けるだろう。「しかしショーペンハウアーは、自然界全体の本質たる、物自体としての根源的‐形而上学的意志についても語っているではないか。しかもそれは、我々が自己意識に見いだす意志と同一のものであると言われている。だがこの同一性を、この「意志概念の拡張」(WI, 132）を、ショーペンハウアーは十分に論証しておらず、ただ独断的な意志形而上学を主張しているだけだ。」と。ディルタイが、ショーペンハウアーの形而上学は「確固たる基礎を欠いている」と言うとき、それはこうした問いと同型の批判であろう。それに応えるのが本節の目的である。

ショーペンハウアーの自然哲学を支える方法は「アナロジー」である。一般にアナロジーとは、〈既知のもの・明らかなもの〉と〈未知のもの・明らかでないもの〉とのあいだに存する何らかの類似性に着目することで、前者を手がかりに後者にアプローチする手続きである。ショーペンハウアーの〈自然（世界）と音楽とのアナロジー〉という思想がそのことを分かりやすく示している。主著続編での端的な論述によれば、この思想は次のようなものである。「すべての和声の四つの声部、すなわちバス、テノール、アルト、ソプラノ……は、存在の系列における四つの階梯、すなわち鉱物界、植物界、動物界、人類に対応している。」(WII, 511）こうした、自然界と音楽とのあいだに見いだしうるアナロジカルな関係の記述は、音楽という不可思議な芸術形態を理解するための補助手段と位置づけられている。このように本来アナロジーは、何かを論証したり基礎づけたりすることを目的とした方法ではない。それは〈見えない部分に光を当てて明るみに出すこと〉＝「解明（Erläuterung）」(WI, 304）のための補助手段なのである。そしてショーペンハウアーは、この方法を自然哲学でも使用する。

彼によれば、身体（という表象の）活動と意志の作用とは、同じ事態の異なった認識のされ方である。換言すれば、身体は意志と表象との結節点として、二重の仕方で認識されるということであり、それゆえ身体は「客観化された意志、すなわち表象となった意志」(WI, 119f.) だと言われる。この二重の認識を、自然の（説明ではなく）「理解」(WI, 149) へと「適用」(WI, 131) あるいは「転用」(WI, 132) することが、ショーペンハウアーの自然哲学の方法であり、したがってそれは明確に「身体とのアナロジー」(WI, 125) だと言われているし（あるいは身体との「比較」(WI, 149) とも言われる）、それによって描き出される自然哲学は「想定」(WI, 125) であるにすぎない、とされる。また後年に書かれた『パレルガ』では、「推論」(PII, 173) という規定が与えられている。このように、ショーペンハウアーが自然哲学においてアナロジーを方法として用いるときには、様々な言い方で一定の保留がつけられていることを見落としてはならない。彼は、前節で論じたような、意識の事実に定位して遂行される超越論的考察（認識論）とアナロジーに基づく自然哲学とが同じフェーズのものではないということを慎重にテクストに刻み込んでいる。そもそも意志概念の拡張は、論証すべき対象と見なされてはいないのである。

カント的問題意識を受け継いで、どこまでも超越論哲学的考察を遂行していたショーペンハウアーは、終生「哲学の基礎は意識の事実に限られる」とする「観念論」の立場を固守しており（WII, 5）、したがって意識から独立した〈実体〉としての意志を措定することは決してなかったし[20]、そうしたショーペンハウアーの哲学体系にとって、アナロジーを方法とする自然哲学は元来二次的なものであったと言ってよい。成立史的にも、「世界は物自体としての意志の現象である」といった類の、自然哲学を可能にする基本テーゼが最初に現れるのは、超越論哲学的問題意識が前面に出ている学位論文第一版執筆後の一八一四年のことであり（HNI, 169f.）、身体と世界とのアナロジーに関する考察が現れるのは、さらに遅れて一八一六年であった（HNI, 390）。だが、こうした事情にもかかわらず、ショーペンハウアーの著作は彼の生前から既に実体論的に読まれる傾向にあったし、それはその後の哲学史の流れのなかで強化されていった。実体的世界原因としての意志が「プラトン的イデアを欲し、法則に従って事物の組織だった秩序のうちで現象する」という、ディルタイが描いたような図式があたかもショーペンハウアー哲学の中核であるかのように見なされてきたのである。

さて、ここまで確認したうえで、さらに次のような疑問に答えておく必要があろう。すなわち、「以上のような理解が正しいとしたら、ショーペンハウアーにおいて意志という語はいくつもの意味を担わされているのではないか」という問いに、である。この問いへの答えは「然り」である。本稿でのこれまでの議論に基づけば、ショーペンハウアーの言う意志からは次の四つの意味を読み取ることができる。すなわち、①個々の意志作用、②意欲の主体、③認識と行為を制約する超越論的領野（学位論文では「意志という主体」(Go, 74) と呼ばれているもの）、④アナロジーによって自然の根底に想定された意志、の四つである。①と②について説明を補足しておくと、まず①は、身体活動と意志作用は同一であるとされるときの個々の意志作用のことであり、学位論文では「意欲」(Go, 75) と表現されている。ディルタイが心理学的意志と称しているものは、これを指している。②は、本稿ではその語のみが登場し、詳しい説明は施されていないが、簡潔に述べれば、学位論文では〈個々の意欲を通して私は自らを客観の一部門としての「意欲の主体」(Go, 112) として認識する〉ということが述べられており、主著ではその意欲の主体が「意志」と言われている（WI, 121）。

区分可能な以上の諸概念を「意志」という語に一本化したことは、『意志と表象としての世界』というタイトルも含め、ショーペンハウアーの主著に著作としての統一性と力強さを、それゆえ明確なメッセージ性を与えることになったが、その一方で誤解と批判を受ける要因を抱え込むという結果をもたらしたと言えるだろう。ともあれ、彼が自然哲学を展開し、〈意志を立脚点としたアナロジーによる世界の統一的理解〉を試みていることは事実である。本節の最後に、こうした試みの背景にどのような意図があったのか、その可能性を筆者なりに推理してみたい。いくつかの解答が考えられるが、ここではヘーゲル批判という視点からの可能性を呈示しておく。『意志と表象としての世界』正編執筆当時、哲学界に確たる地位を築きつつあったヘーゲルの主知主義的、理性主義的世界観に抗して、ショーペンハウアーが自らの哲学的真意を伝えようとするためには、意志的世界観という強力な舞台装置が必要だったということが考えられる。ヘーゲルは、意識の経験と歴史とを精神の現象へと知的に一元化したが、ショーペンハウアーの眼差しは、そうした知的一元化の背後に潜んだまま十分な反省の加えられていない「盲目的な生への意志」に向けられていた。ショーペンハウアーは合理的知を意志の道具と見ることで、知と意志に対して一気に批判的検討を加えようとしたが、それを有効に行うためには非ヘーゲル的空間を用意する必要があった、とは考えられないだろうか。

結　語

ディルタイのショーペンハウアー批判を検討し、それに応えることを通して、タイトルとして掲げた問いに答えようとする本稿の目的は以上で実質的に果たされたと思うが、念のため最後に簡潔にまとめておきたい。まず前者についてだが、一つ目の批判、すなわちショーペンハウアーの意志概念の曖昧さゆえに我々はショーペンハウアーを読むとき、「形而上学的な意志概念と心理学的な意志概念とを交互に取り替えるということをくり返すことになる」という批判は、多義的なショーペンハウアーの意志概念を区別しないがゆえのものである、と言える。また、意志を形而上学的な一なる実体と見たうえで意志否定論の矛盾を指摘する二つ目の批判は、ショーペンハウアーが意志的実体の存在を説いてはいない点、ならびに意志の否定とは超越論的制約としての意志作用が働いていないという事態であるという点を理解していないがゆえの批判である、と言える。さらに言えばディルタイは、否定されるべき意志は「形而上学的な意味で解されるべきものではなく……むしろ心理学的な概念に従って解されるべきものだろう」との代案を提出していたが、むしろこれこそがショーペンハウアーの本意に近い（同じではない）ものであった。

次に、本稿のタイトルとして掲げた「ショーペンハウアー哲学は意志形而上学か？」という問いの方はどうか。第一に、〈形而上学（的）〉という語が〈超越論的〉と同義に解されているのであれば、この問いには「然り」と答えてよかろう。実際学位論文第一版では、「形而上学的」は「超越論的」という意味で使用されている。(21) 第二に、超越論哲学的考察とは別フェーズで遂行されている自然哲学を意志形而上学と呼ぶことは可能かもしれないが、そこに課せられている限定を見落として、自然哲学で論じられる意志こそがショーペンハウアー意志論の本体であるとみなすのであれば、「それは誤解だ」と筆者としては応じたい。

なお、本稿を閉じる前に、一つ付言しておきたい。本稿はショーペンハウアーの自然哲学を二次的と位置づけたが、これに対しては、むしろ自然哲学こそがショーペンハウアーの本領なのだとする見方からの反論がありうる。すなわち、自然哲学は芸術や倫理といった現象を説明するための舞台装置（存在論的基礎）として、ショーペンハウアーの哲学体系にとって不可欠な領域を形成している、とする反論である。(22) それに対する検討や応答をする余裕はもはやないが、少なくとも、自然哲学が一般の読者をも引きつける要素であったと同時に、哲学研究者に批判の余地を与える要因でもあったのは確かであり、それゆえ後者の批判にきちんと反論しておくことが本稿の目的であった。重要なのは、自然哲学の構成と位置づけを正確に理解したそのうえで、その意義を測定することである。自然哲学が二次的であるということがそのまま哲学的意義の低さを意味するわけではない。異なったフェーズの哲学的営為を包含しつつ世界のありようを描き切ろうとするダイナミズムこそがショーペンハウアー哲学の力なのだという点は、筆者も反論者も共有できているはずである。

テクスト

1. Schopenhauer

Werke = Arthur Schopenhauer, *Sämtliche Werke*, Herausgegeben von Arthur Hübscher, 7 Bände, Wiesbaden, [3]1972.

Go = *Ueber die vierfache Wurzel des Satzes vom zureichenden Grunde*, 1. Ausgabe (1813), in: Werke VII.

G = *Ueber die vierfache Wurzel des Satzes vom zureichenden Grunde*, 2. Ausgabe (1847), in: Werke I.

WI = *Die Welt als Wille und Vorstellung*, 1. Band (1818/19), Werke II.

WII = *Die Welt als Wille und Vorstellung*, 2. Band (1844), Werke III.

PII = *Parerge und Paralipomena*, 2. Band (1851), Werke VI.

HNI = Arthur Schopenhauer, *Der handschriftliche Nachlaß*, 1. Band, Herausgegeben von Arthur Hübscher, Frankfurt a. M., 1966.

GBr. = Arthur Schopenhauer, *Gesammelte Briefe*, Herausgegeben von Arthur Hübscher, 2., verbesserte und ergänzte Auflage, Bouvier, Bonn, 1987.

2. Dilthey

GS = Wilhelm Dilthey, *Gesammelte Schriften*, Göttingen.

注

(1) Otto Friedrich Bollnow, *Existenzphilosophie*, 9. Auflage, Stuttgart / Berlin / Köln / Mainz, 1984, S. 11ff.

(2) A. a. O., S. 11.

(3) Otto Friedrich Bollnow, *Die Lebensphilosophie*, Berlin / Göttingen / Heidelberg, 1958, S. 7.

(4) A. a. O., S. 6.

(5) 三島憲一「生活世界の隠蔽と開示（下）——十九世紀における精神科学の成立——」、『思想』第七二六号所収、一九八四年、一三五頁。

(6) ディルタイに対するショーペンハウアーの影響の詳細については、以下の拙論を参照のこと。「ディルタイのショーペンハウアー理解——受容と批判——」、日本ディルタイ協会編『ディルタイ研究』第18号所収、二〇〇七年。

(7) Martin Heidegger, *Was heisst Denken?*, 4. Auflage, Tübingen, 1984, S. 15.

(8) 筆者によるショーペンハウアーとニーチェの比較研究としては、以下の拙論を参照のこと。「強弱の彼岸——ニーチェの同情批判にショーペンハウアーならどう応答するか——」、日本ショーペンハウアー協会編『ショーペンハウアー研究』別巻第1号所収、二〇〇五年。

(9) 尾形良助『ディルタイ研究』理想社、一九七〇年、九一頁。付言すると、尾形は同所で、ディルタイの言う生の哲学は「ある種の実存哲学のようなものに近い」という認識を示している。

(10) 本稿では、ショーペンハウアーと実存哲学との関係をボルノーの見立てに従って間接的に述べたことになるが、ショーペンハウアー哲学の実存哲学的側面をより強く押し出して論じた邦語文献には、管見の及ぶかぎりで言うと以下のものがある。小林政吉『キリスト教的実存主義の系譜——ハーマンからエーブナーまでの問題史的研究——』福村出版、一九七五年。山下太郎『社会存在の理法——ヘーゲルとショーペンハウエル』公論社、一九八二年。

(11) 本稿では扱えないショーペンハウアーの知性論については、高橋陽一郎が以下の諸文献で詳しく論じている。「ショーペンハウアー意志論の再構築」、鎌田康男／齋藤智志／高橋陽一郎／臼木悦生訳著『ショーペンハウアー哲学の再構築——『充足根拠律の四方向に分岐した根について』（第一版）訳解——』所収、法政大学出版局、二〇〇〇年（新装版、二〇一〇年）。『藝術としての哲学——ショーペンハウアー哲学における矛盾の意味』晃洋書房、二〇一六年。

(12) ファンタスマとは、身体を介して主観に直接現在した表象を、主観が後に身体を介さずに意のままに、時には表象の順序や連関をも入れ換えて再現したもののことである（Go, 27）。

(13) 意志のこうした契機を「超越論的」と呼ぶのは、以下の論文に倣ってのことである。鎌田康男「若きショーペンハウアーにおける「意志としての世界」の構想――ショーペンハウアー研究の新視角を求めて（第二部）――」、『武蔵大学人文学会雑誌』第20巻 第3・4号所収、一九八九年、五頁。ショーペンハウアーの学位論文では、これに対応するものとして「時間の外にある統括的（univelsal）意志作用」(Go, 76）という言い方がなされている。

(14) 厳密には表象界のみを司るはずの因果性の概念をここで使用することには問題があることにショーペンハウアーは気づき、この箇所は学位論文第二版では「本来の意味での因果性にではなく、……認識主観と意欲の主体とは同一であるということに基づいて、意志は認識作用に働きを及ぼす」と修正されている（G, 145f.）。

(15)『意志と表象としての世界』では決意は本来的な意志作用ではないとされ（WI, 120. したがって、学位論文第二版ではこの規定は削除されている）、ここでの決意に当たるものは「決断」であると言われている（WI, 165）が、これは主張内容の変更ではなく、概念規定の厳密化である。

(16) ショーペンハウアーは学位論文でしばしば「必然的」という形容詞を使用するが、この文脈ではそれを「超越論的」と同義と解してよいことは、以上から明らかであろう。

(17) この「弁証的」という言い方も、鎌田による命名を踏襲したものある（鎌田、前掲論文、六頁）。なお、これに対応するショーペンハウアー自身の言い方を遺稿から挙げると、「暴力的な〔支配的な（gewaltig)〕生への意志」(HNI, 310）や「強力な生への意志」(HNI, 311）などがある。

(18) Vgl. Yasuo Kamata, *Der junge Schopenhauer — Genese des Grundgedankens der Welt als Wille und Vorstellung*. Freiburg / München, 1988, S. 226ff.

(19) このように理解されたショーペンハウアーの意志の否定とハイデガーの言う「放下（Gelassenheit）」とを比較し、その共通性と差異を明らかにするのは興味深いテーマであろう。それを扱っている研究には以下がある。山本幾生『現実と落着――無のリアリティに向けて』関西大学出版部、二〇一四年。なお、タイトルにある「落着」は、山本による Gelassenheit の訳である。

（20）厳密に言えば、意志が「実体」だと述べられることはあるのだが、それはあくまで「比喩的」な語り方にすぎないとされていることを見逃してはならない（WII, 225. また、GBr, 283f. も参照）。

（21）学位論文第一版ではアプリオリな総合判断が「形而上学的真理」(Go, 87）と呼ばれているが、第二版では「超越論的真理」(G, 108）と言い直されている。

（22）前掲『ショーペンハウアー読本』、一一八頁以下の高橋陽一郎の発言、および、竹内綱史「ショーペンハウアーにおける「生」の概念」、日本ディルタイ協会編『ディルタイ研究』第19号所収、二〇〇八年、七一頁以下。さらに高橋は前掲『藝術としての哲学』で、観念論的考察と実在論的考察とのあいだにある矛盾にむしろ積極的な意義を見いだすことで、その矛盾そのものを著作の構造として正当化するという論陣を張っている。

＊本研究は、JSPS 科研費17K02183ならびに17H02281の助成を受けたものである。

意志の中の情感性

——ミシェル・アンリによるショーペンハウアー解釈——

伊原木大祐

はじめに

フランスの哲学者ポール・ジャネは、一八八〇年の論考「ショーペンハウアーとフランス生理学」の中で、カバニス（一七五七—一八〇八年）とビシャ（一七七一—一八〇二年）の両名に「ショーペンハウアー哲学のフランス的起源」(1) を求めた。ともに医学をバックボーンとするこれら碩学にショーペンハウアーが関心を寄せていたというのは、明白な事実である。中でも『意志と表象としての世界』続編におけるビシャへの言及（W-II, 296 [6, 117-118]）は、たんなる表面的同意にとどまらない、最大級の賛辞を含むものであったといってよい(2)。こうした「起源」に着目するジャネのいわば逆輸入的読解は、一九世紀フランスにおけるショーペンハウアー受容の一特徴をなす実在論的関心を強く際立たせている。同時期に心理学者リボーが著した研究書（一八七四年）も、後になって哲学者ベルクソンが寄せた興味も、広い意味ではこれと同種の受容傾向に属していた(3)。

けれども、仮にショーペンハウアーの意志論が「倫理的生の現象学」(4)に類したものを志向していたのだとすれば、そのような生理学的‐心理学的受容はかえってショーペンハウアーの可能性を閉ざしてしまうものだったのではないか。この点で、既存の受容を大きく踏み越える能力を十分にもっていたであろうフランス現象学者たちの多くが、ショーペンハウアーに真剣な関心を寄せなかったというのは、惜しむべきことである。ミシェル・アンリという稀有な例を除けば、サルトルも、メルロ＝ポンティも、レヴィナスも、リクールも、デリダも、ショーペンハウアーを「歴史上最も重要な哲学者のひとり」(GP, 159 [195]) とまでは考えていなかっただろう。ただし、ショーペンハウアーの変形的カント主義は、現象学の思考とも親和性が高いと考えられる(5)。アンリはショーペンハウアーを、自身の考える現象学的始源へと引き寄せることによって、その生理学的起源から救い出そうとした。以下では、まとまった読解が収められている『精神分析の系譜——失われた始源』(以下、『系譜』と略称)を中心に、解釈の要所を跡づけてみたい。

一 排除された哲学者

若い頃からグイエの講義録を介して「ショーペンハウアーの哲学」を学んでいたアンリは、学生時代に執筆したスピノザ論(一九四二—四三年)の中で一度だけショーペンハウアーの名に触れている(6)。ところが、それ以降、『系譜』が公刊される一九八五年まで、アンリはショーペンハウアーを一度も参照してこなかった。一九六三年の主著『現出の本質』は、近現代哲学史を踏破する中で諸々の思考と対決しつつ、超越には解消できない「生」の内在の意義を探究した大作であるが、その中にもショーペンハウアーは出てこない。約四〇年もの時を経て、この哲学者の名がアンリの思考圏に再び現れた理由を、グレゴリー・ジャンとニコラ・モンスーは、「すでに『現出の本質』で組織的に展開されていたハイデガー批判を再び行う」(7)必要が出てきたためと推測する。新たに標的となったのは、ハイデガーによる「ショーペンハウアーの排除」(8)という問題である。

周知のように、ハイデガーは、ニーチェ哲学をデカルト以来の「主体性の形而上学」の極点に位置づけた。デカルト的主体とは、いかなるものであったか。ハイデガーによると、それは「表象する自我性という意味での主体」(N-II, 190［452］)である。コギタチオの本質的役割は「表象〔前に - 立てること〕(Vor-stellen)」に存する。そこでは、表象物が表象されるだけでなく、その表象内において表象する者自身が表象されている(cogito me cogitare)。この表象者は真理の基準的表象となり、そこに向けてすべての表象が取り集められる(cf. N-II, 153-157［407-413］)。他方でニーチェは、はっきりとデカルト的エゴを退け、これに代えて「身体」を持ち出した。しかし、根本的な構えは変わらないとハイデガーは診断する。主体性は「身体の主体性として」、「すなわち力への意志の主体性として」(N-II, 200［464］)今や無制約的なものと化し、この力への意志に基づいて「価値」が定立され、評価と計算への道が開かれる。価値定立を無制限に推し進める「力への意志」は、ハイデガーにとって、デカルトの表象的主体が取りうる最終形態なのである。

以上のような見方に対し、『系譜』は真っ向から反論を企てた。デカルトのコギトは本当にその程度のものだったか。ハイデガーの解釈では、あらゆる表象作用を無効にする方法的懐疑の徹底性が忘却されているのではないか。表象を根底から疑った後になおも現れるのは、それ自体表象ではありえず、むしろ表象作用の前提となる原初的な現れである。この始源にあるコギトの究極的定式を、『系譜』は「見テイルト私ニ思ワレル(videre videor)」という第二省察の言葉に看取する。ここでの「思ワレ」は、「自分の前に立てるという仕方で自分に向けて立てること（Sich-zu-stellen）」（N-II, 151［405］）――アンリならば「脱‐立（ek-stasis）」と呼ぶ作用――などではなく、「見ることの無媒介的印象」（アルキエ）、見る働きに先行して内在する「感じること」（GP, 28［30］）を表す。「感じる」ことは、それが表象以前の内在領域において展開されるかぎり、いかなる距離もなく「自己自身を感じる」こと、すなわち直接的な自己触発（auto-affection）としての情感性（affectivité）へと送り返される。これがアンリの考える「生」である。

けれども、そうした始源の発見は早くもデカルト自身の手によって失われ、その後の形而上学の展開において忘却されていった。『系譜』でのアンリは、この忘却と逸脱の歴史をライプニッツ、マールブランシュ、カントに即して論じる（『現出の本質』では、脱立的外在化の装置がドイツ観念論の思考全般に認められていた）。たとえばカント的な「われ思う」の「われ」、「それ自身だけでは内容のまったく空虚な表象にほかならない自我」（B404）も、始源のデカルト哲学が実質的・情感的に規定していた自我からは、ほど遠いものになっている。こうして続く「表象の形而上学の支配」に「急激な終止符を打った」（GP, 8［5］）のが、ショーペンハウアーである。その意志論は、失われた始源の再発見として解釈されうる。表象主体の影をニーチェ意志論に見ようとするハイデガーの理解は、アンリからすれば、ショーペンハウアー的切断の効果を見誤ったために生じたものである。

では実際、ハイデガーはショーペンハウアーをどう扱っていたか。一九二八年夏学期の講義『論理学の形而上学的な始元諸根拠』では、充足根拠律を統一的に呈示しようとした若きショーペンハウアーの博士論文『充足根拠律の四方向に分岐した根について』（一八一三年）が「一つの功績でありつづける」と評されている。ところが同時に、その第二版（一八四七年）に詰め込まれた「ヘーゲル、シェリング、および大学の哲学に対する無趣味な非難攻撃」の有害性もあわせて指摘される。それは老哲学者の「ルサンチマン」から来るものであり、この「怒った調子」は「際限なき皮相性」でしかない。(9) のちにハイデガーは、この種の「ドイツ観念論に対する貶下、蔑視、罵倒」(N-I, 74-75〔91〕)にニーチェが同調しなかったことを高く評価する。ハイデガーによれば、ニーチェは「ドイツ形而上学の歴史に対して十分に根源的な成熟した関係をもっていた」(N-I, 74〔90〕)という。だが、ショーペンハウアーはそうでない。ショーペンハウアーが教養層から愛読されるようになったのは、その哲学が「ドイツ観念論を打ち負かした」からではなく、ドイツ教養層が「ドイツ観念論に敗れた」ためである。「この頽廃がショーペンハウアーを大物に仕立てた」(N-I, 75〔91〕)とまでハイデガーは断じる。

いずれにせよ、ハイデガーはあらん限りの力でニーチェ哲学からショーペンハウアーの影響を削ぎ落し、その「意志」理解においては、ほとんど両者を対立させるまでに至っている(cf. N-I, 48-52〔59-63〕)。(10) ショーペンハウアー思想の背景にはプラトンとカントが控えているが、そこでは両者とも「粗雑化」(N-I, 182〔216〕)の憂き目にあっている。その「すこぶる外面的で平板な解釈」(N-II, 238〔512〕)をハイデガーは槍玉に挙げ、一方でニーチェのプラトン解釈が「ショーペンハウアーよりも」高度の真理に達している(N-I, 182〔216〕)と理解しつつ、他方でニーチェのカント(美学)解釈がショーペンハウアーによる「誤解」(N-I, 127〔151〕)から生じた転倒でしかないと嘆いてみせる。しかも、「やがて擡頭してくる実証主義に傾斜した分かりやすさの次元」(N-II, 239〔512〕)という言い方で『意志と表象としての世界』を切って捨てる、ハイデガーの身振りを見るかぎり、これはたしかに「排除」といっても言い過ぎではない。まさしくこの排除に逆らって、アンリはショーペンハウアーを哲学的思索の中枢に位置づけるのである。

二　意志から生の内在へ

現代ショーペンハウアー研究の観点から見れば、アンリの読解は、資料面からの生成史的考察をまったく欠いている点で問題の多いものだろう。依拠している『意志と表象としての世界』の仏訳は古典的なビュルドー訳（一八八八年）であり、各版対照を含んだ新訳（二〇〇九年）を生前のアンリが目にすることはなかった。また、ハイデガーに批判的な立場を取るあまり、ショーペンハウアーをあえてプレ・ニーチェ的な局面に置き戻す点でも、その読解は旧弊なものに見えるかもしれない。とはいえ、『系譜』の解釈は、カント的内官の触発にも先立つ「生の原初的自己触発」をショーペンハウアーの「意志」に見いだすという新奇な見方を提起しており、その独創性において価値がある。

かつてエマニュエル・レヴィナスは、フッサール現象学の中に「表象の没落」という事態を予感した。アンリの見るショーペンハウアーは、それにも先駆けて「表象概念の価値喪失」(GP, 160〔196〕) をもたらすのに成功した哲学者である。『意志と表象としての世界』正編・第五節では、デカルトの第一省察と同様、夢と現実との境界線が問いに付される。根拠律に従属する表象としての世界は、ヴェーダにいう「マーヤーの織物」、「迷妄のヴェール」にすぎない。しかし、それだけであるとすれば、この世は「実体のない夢もしくは妖怪じみた幻影のようにわれわれのそばを通りすぎるはずであり、顧慮するに値しないであろう」(W-I, 118〔2, 195〕)。こうして、「その本質全体からいって表象とはまったく根本的に異なる或るもの」(ibid.) が問い求められる。それが「意志」である。

アンリはこの意志と表象を、彼独自の用法でいう「実在性」と「非実在性」に当てはめ、「内面性という直接性における実在化」と「表象における現象化」(GP, 168 [205]) という二重のプロセスを想定する。この解釈でポイントになるのは、前者の実在化プロセスがそれでもなお原初的な「現出様態 (mode de manifestation)」(現象化に先行する自己開示) を表す点である。これに関して、アンリは次の文章をとくに重んじている。「意志の概念は……その根源を現象のなかに有するのではなく……、内的なものに由来し、各人の最も直接的な意識から生れてくるたった一つの概念である。この直接的な意識において、各人は彼固有の個体をその本質の点で、いっさいの形式なしに、主観・客観の形式さえなしに、直接的に認識すると同時に、みずからその個体なのである。ここでは認識するものと認識されるものとが一致するからである。」(W-I, 133 [2, 217])

こうした意志の「最も直接的な意識」は、「前に立て置く」仕方での脱立的距離を一気に塞ぐ。距離も形式もなく自らに直接現れる意志の存在様態は、アンリが強調する内在的自己触発、すなわち「生」の現出様態に限りなく近い。ショーペンハウアーが考察した身体の一面も、これに呼応するものがある。意志である「物自体」は「自分自身の身体として現れる (erscheinen) かぎりで」各人に「直接」知られている (W-I, 22 [2, 71])、という主張がそれである。意志という「あの各人に直接知られたものとして」(W-I, 119 [2, 197]) 与えられた「身体」は、直観の中で与えられる「表象」とはまったく別の仕方で、意志固有の現出様態として内在化されている。意志としての身体は定義上、因果律に拘束されず、「ラディカルに内在的で絶対的な身体」(GP, 169 [207]) として体験される。アンリが初期のビラン論で「根源的」[11]と形容していたこの身体こそが、現実に自己と合致しつつ自らを動かす「力 (force, puissance)」(GP, 177 [216]) を構成するのである。

『意志と表象としての世界』続編・第一八章でも、物自体の直接的自己意識という形で、意志の原初的開示が示唆されている（cf. W-II, 219［6, 16f.］）。しかし、こうした決定的主張は「次第に放棄されていく」（GP, 174［212］）というのが、アンリの見立てである。実際、意志に関する内的知覚は、まったく直接的というわけでなく、あくまで「表象」の形式に結びついた認識として、重層的に媒介されていることが判明してくる。そこに開かれるのは、知性という「認識するもの」（主観）と、意志という「認識されるもの」（客観）との「差異」（W-II, 220［6, 19］）である。(12) 物自体の内的認識でさえ、「時間の形式」および「認識することと認識されること一般の形式」からは逃れられない。このように意志の内的開示は、「表象性の形而上学の完璧な例示」（GP, 130［161］）であるカント哲学の構図に支配されることで、内官の形式でもある時間の脱立的性格に委ねられ、被表象性の枠内に押し戻されてしまう。これとほぼ同じ事態はすでに正編の身体論で起こっていた。私の意志に対する「直接的」認識といえども、「私の身体」に関する認識からは切り離せない。私は意志を「私の身体の現象形式」である「時間」（W-I, 121［2, 200］）の中でのみ認識する。つまり、身体の時間的‐脱立的開示――表象的身体――が意志認識の条件となる。とすれば、この認識はもはや厳密な意味で「直接的」とは言えなくなるだろう。

『系譜』は、以上のような意志のステイタスの両義性を指摘したうえで、それをショーペンハウアー哲学に潜む二つの生概念の「競合」（GP, 167［205］）に結びつけている。一方で、意志が欲するものとしての生、さらにはこの表象に対する意欲を表す生、つまり同語反復的な表現でいう「生への意志」（W-I, 324［3, 178］）がある。それは盲目的な切迫、際限ない努力であるがゆえに、かえって終わりなき苦悩をもたらす欲求として現れてくる。アンリはこれを生の「存在者的（ontique）」規定と解し、そこに原理上の素朴さを見る。つまり、経験的・事実的な生である。これに対し、そうした意欲存在の本質を内的に構成する生の「存在論的」規定がありうる。そうした「生」は、意欲が意欲として直接与えられる自己感受＝自己開示を表し、主客の区別や時間の脱自には解消されない「内在」における意志と一体であり、現象する世界としての生が意欲されることにも先立っている。

アンリは後者の存在論的規定から、意志の無目的性という説を解明しようとする。ショーペンハウアーによると、個々の意志活動については、その目標や動機を示すこともできるが、根拠律の外にある意志の意欲全体――「総体としての意欲」(W-I, 196〔2, 301〕)、「全体としての意欲一般」(W-II, 407〔6, 262〕)については、目標や動機を特定できない。こうした究極目的の不在を、アンリは「生」の内在に関連づけた。根源的かつ絶対的なものとしての意志は本来、それ自体で自らを遂行しており、自己の外に出てゆく必要がない。そのような意志が手前の表象に目標を定め、「意志を……意志それ自身から引き離す距離」(GP, 208〔249〕)を設立することは、そもそも不条理である。ゆえに内在としての意志は目的をもたず、「自己に釘づけにされた」(GP, 217〔259〕)生特有のあり方に制約されている。ただし、この制約は意志の能動作用に由来するものではなく、意志の意志それ自身(生)に対する抗しがたい受動を示唆するという。この様態を裏づけるのが、『現出の本質』第五二節で論じられた「根源的な存在論的受動性としての情感性」である。そこでは、自己感情への密着を表す情感性が「自己自身を耐え忍ぶ(se souffrir soi-meme)」という「苦(souffrance)」の構造をもつとされていたが、ちょうどその視点から今度は、すべての生を「苦」と見なすショーペンハウアーの思考が俎上に載せられることになる。

三　情感性の優位と狂気の問題

旧来の哲学的議論では除外ないし周縁化されてきた「情動」の問題系がこのうえなく重視されている点に、アンリはショーペンハウアー哲学の優れた特徴を認める。(13)「ただ単に狭い意味での意欲と決意だけでなく、すべての努力、願望、祈願、希望、恐れ、愛、憎、要するに、自分の幸・不幸、快・不快を直接構成するものも」明らかに「意志の情動触発（Affektion）でしかない」(W-II, 225［6, 25–26］；cf. W-I, 120［2, 199］）と言われるとき、あるいは同じく、「願望、情熱、喜び、痛み、善意、悪意」が「最も広い意味で」は「意志の事柄」(W-II, 268［6, 82］）だとされるとき、そこで開かれているのは意志から情感性への新たな通路である。もともとアンリにとって「情感性」とは、特定の事実的な一感情を意味するものではなく、感情全体の構造として、諸感情をそのつど種別的な実在に即して支える形相的かつアプリオリな概念規定であった。アンリはこうした概念に定位しつつ、苦に関するショーペンハウアーの言明を「まさしく前代未聞のものとして」(GP, 219［261］）聞き取るよう促す。というのも、ショーペンハウアーはそれ以前のどんな哲学者とも違い、「苦しみ」をアポステリオリにではなく「アプリオリに」(W-I, 382［3, 261］）考察すると宣言したからであり、そのうえで苦しみの本質的由来を何らかの外的事象にではなく、「自己自身の内面に」(W-I, 375［3, 252］）求めたからである。

この途方もない企図は、しかしながら、欲望の絶えざる努力という生の「存在者的」概念に依拠するならば、早々と瓦解せざるをえない。ショーペンハウアーは満足と不満足、快と苦、幸と不幸といった情感的生の二面性を、アプリオリに規定するどころか、むしろ意志の後から生じてくる事実的情調、いわば「意志のアポステリオリ」(GP, 221［263］）として把握しているようにも見える。すなわち、「満足、息災、幸福」と呼べるのは「意志が目標に達していること」であるのに対し、「苦しみ」は逆に「意志と意志の当座の目標とのあいだに位置する障害によって意志が阻害されること」(W-I, 365［3, 236–237］）と同一視される。この場合、満足（幸福）と不満足（苦悩）は意欲の事実的結果として、同等な次元に位置づけられる。つまり、情感的調性の発現が、意志による目標到達の成否という経験的事実に左右されてしまうのである。

とはいえ、そこには別の解釈の可能性が胚胎している。アンリが着目するのは、満足／不満足が担う地位の不均衡である。[14] ショーペンハウアーの中心思想にあっては、不満足・欠乏・苦しみが「積極的」であるのに対し、満足や幸福は「消極的」性格しかもちえない。後者は「苦痛からの、窮迫からの解放」(W-I, 376 [2, 254]) でしかありえないのだ。だとすれば、意欲の結果としての満足（もしくは不満足）に先立って、その意欲をあらかじめ制約するような根源的不満足、意欲に内属したアプリオリな苦しみが存在することになる。逆から言うと、不満足や苦悩の情感性は、努力の挫折に由来するどころか、逆にこの努力（コナトゥス）に先行し、それを可能にする超越論的条件となっている。ショーペンハウアーは実際、意欲や願望に先行する「基盤」としての「苦」に幾度も言及している（cf. W-I, 230–231; 367; 443 [3, 50; 240; 348]）。ここにアンリは、意志と情感性との間に設定された優劣関係の「密かな逆転」(GP, 224 [267]) を察知する。そして、このテーマをさらに掘り下げるべく、狂気という問題にアプローチしてゆく。

ショーペンハウアーが天才の諸特徴を論じる中で言及した「狂気」は、とりわけ過去の記憶の歪曲に関わる病と解されていた。健全な精神による「いやな出来事」の同化という操作を記述した後、ショーペンハウアーは以下のように述べる。「これに反して、或る特殊な場合に、認識した事柄の受容に対する意志の抵抗ともがきが激しくなり、かの操作が障害なく遂行されなくなると、そのため或る種の出来事や事情が知性に完全に隠蔽されることになる。意志がそれを見るのに堪えることができないからである。そして次に、このために生じた空隙が、関連が必要なため勝手に埋められることになる。――こうして狂気が現われる。」(W-II, 458 [6, 327])

ここに描写された狂気とは、のちに精神分析が「抑圧」[15] と呼んだものにほかならない。フロイトによれば、抑圧の本質は「意識的なものを退け、遠ざけておくこと」にある。ショーペンハウアーもまた、「なにか或る事柄をむりやり『自分の頭から叩きだす』」（W–II, 458［6, 327］）ことに狂気の源を見いだした。意志は自らにとって不愉快な表象を意識の外に締め出す。こうして一連の記憶表象に無数の断絶が生じ、その欠落箇所をそれぞれ都合よく歪曲された表象（「虚構」）によって埋め合わせる場合に、「狂気」が発生する。だがそもそも、意志はなぜ表象を「叩きだす」のだろうか。アンリによれば、それは表象の内容によるのではなく、表象のもつ情調ないし情動のせいである。ショーペンハウアーは、「精神面での激しい苦悩」（W–I, 227［3, 46］）が狂気の誘因になると考えていた。「実際そうした心痛、そうした悲痛な消息なり思い出なりがひどく苦痛に満ち、端的に耐えがたいものとなり、個人がこれに打ちひしがれるようなとき」（ibid.〔強調は引用者〕）、人は狂気の中へと逃げ込む。過去の記憶表象が「ひどく苦痛に満ち」、「端的に耐えがたい」ものになるには、そのように感じうる情感的力能が前もって存在していなければならない。すると、表象を叩きだす（抑圧する）当のものは、純粋な意志そのものではなく、むしろその中にある情感性ではないのか。それゆえ、「この表象を欲したり、欲しなかったりするのは情感性である」（GP, 233［277］）と考えるべきではないか。

一見すると、情感性は二手に分かれる形で仮定されている。一方には抑圧する意志の側の情感性があり、他方には抑圧される表象に付与された情感性がある。しかし、これらは本質的に同一の情調を指し、その情調に基づいて抑圧（狂気）という現象が成立している。情感性こそが、表象の形成ないし受容を可能にするのであって、表象自体にそのような能力はない。心の内部に存続するのは情調＝情動であり、無意識的表象といった「奇怪な心的実体」（GP, 234［278］）ではない。こう述べつつ、抑圧を情感性の自己運動に依拠させることで、アンリは『系譜』最終章でのフロイト批判を先取りする。[16]

以上に現れた情感性の優位というテーゼは、ショーペンハウアーをいわば裏読みすることで引き出されたものであるが、アンリは同じテーゼをその救済論からも読み取る。救済という語で問題になっているのは、ときに「矛盾」として問題視されてきた「意志の否定」という根本思想である。[17]「意志の全面的な廃棄のあとに残っているもの」は「無」（W-I, 487［3, 405］）であるというのが、正編・第四巻の結論であった。しかし、その無にあっても残り続けるものがある。アンリはそれが「情感性」（GP, 235［279］）であると喝破する。事実、ショーペンハウアーによれば、生への意志を否定した人は「喜び」に満ちており、「不動の平安、深い静けさ、内面の晴朗さ」（W-I, 461［3, 371］）、要するに「浄福な（sälig［selig］）」感情を実現している。意志の全面的な否定＝鎮静のみが可能にする救済は、「死における無上の喜び」（W-I, 471［3, 384］）を与え、もはや主客の認識論的形式に囚われない「恍惚、有頂天、開悟」（W-I, 485［3, 403］）をもたらす。意志が廃棄され、その結果、現象全体と世界が廃棄されても、情感性だけは最後まで消え失せることがない。アプリオリに措定されるべきは、生の内的構造としての情感性である。

アンリが画家のカンディンスキーやブリーゼンを論じる中で、ショーペンハウアーによる「音楽の形而上学」を大々的に援用したのも、同じ理由からであろう。その音楽論は「経験の核心にある情感性の優先権」や「情感性のアプリオリ性」[18]を補強してくれる。ショーペンハウアーにとって音楽は、「意志の客体化」の諸段階（イデア）を示す他の芸術と違い、「直接的に意志それ自体を具現する」（W-II, 512［6, 399］）ものであった。だからこそ、音楽は「聴き手の意志、すなわち感情、情熱、情動」（ibid.）に直接作用する。しかも、音楽が言い表すのは「意志そのもの」という「内的本質」（W-I, 308［3, 157］）なのだが、これは、あれこれ特定の個別的感情ではなく、抽象化された感情それ自身（「喜びというもの、悲哀というもの、苦痛というもの……」）なのである。音楽がこうした「別個の多様な諸経験に内属した情動的調性の普遍性」[19]を表現するのだとすれば、それこそ、アンリ現象学が情感性概念によって画定しようとした当のものにほかならない。

おわりに――残された課題

表象から区別された「意志」を極限まで純化し、その根底に生の情感的自己開示というポジティブな現象性を見いだそうとするアンリの試みは、明らかにショーペンハウアーの意図からは逸脱しており、一定の解釈学的暴力をはらんでいる。この世界が「どこまでも意志であり、同時にまたどこまでも表象である」(W-I, 193 [2, 296]) という両義的視点を尊重するかぎり、意志における内的現出の根源性に特化した『系譜』の読み筋は、ひどく偏ったものに映るだろう（よく指摘されるように、ショーペンハウアーの思考法はむしろメルロ＝ポンティのそれに近い）。アンリは表象論の重要性を意識していたと思われるが (cf. GP, 159 [195])、自身の主張が脱立構造なき始源的現象の確保を旨とする以上、「表象としての世界」が無下に却下されてしまうのも無理はない。この限界を踏まえてショーペンハウアーにアンリを対置する場合、なおも二つの論点が浮かび上がってくる。

(1) 個体性の問い。『系譜』で執拗に掘り下げられた論点の一つは、ショーペンハウアー哲学における個体の地位の不安定性である。キリスト教に傾斜するアンリ後年の著作群では「ショーペンハウアー」が、非人称的意志を背景に「個体の溶解」を推進した哲学者として、名指しで批判されるようになる。[20] アンリから「矛盾」(GP, 184 [223]) と指摘されたのは、またしてもショーペンハウアーの両面思考である。個体の存在は、一方で表象を規定する「個体化の原理」、すなわち空間と時間に基づいているが、他方で意志の内的経験にも根ざしている。ただし、意志は物自体として元来「一つの不可分な」(W-I, 141 [2, 228]) ものであり、この同一性の認識に立てば自他の利己的区別（個体化の原理に囚われたエゴイズム）は崩壊する。これに伴い、他者への愛＝共苦を通じた欲望の断念が発生し、意志の全面的抑制への道が開けてくる。だがそのとき、個体の個体性は、表象としても、意志としても確固たる意義を失ってしまうのではないか（この問いは、自我が溶け込む「普遍的な苦悩がゆ」に疑いの目を向けたシェーラーの批評にも近い）。

（2）性愛の問い。アンリによれば、ショーペンハウアーの性愛論は個体性と情感性双方の価値喪失へと導かれる。続編・第四四章「性愛の形而上学」は、フロイトに先駆けて、あらゆる恋愛を性衝動に基づくものと見なした。性欲は生の最も力強い肯定であり、その満足に「意志の焦点」（W-II, 653［7, 174］）がある。恋する者は、肉体の享楽という我欲を満たすため他者へと向かうが、実際はこれも、生殖行為を通じて種の保存という全体目的に個体を奉仕させるための自然の策略にすぎない。「生への意志」である自然にとっては「種の保存だけが重要であり、個体など取るに足りない」（W-I, 389［3, 271］）からである。理性の狡知ならぬ、意志の狡知とでもいうべき事態がここに出現する。それゆえ愛の情熱は、個体が種属（Gattung）に騙されている状態、端的に「妄想（Wahn）」である。だとすれば、恋愛においては、個体の個体性が軽視されるばかりか、当の個体が感じる情調（情熱）まで「錯覚」として否認されてしまうことになる。しかし、一つの実在的な感情の存在について、それを妄想や錯覚と見なすことは、そもそも可能なのだろうか。

上記二つの問いに関し、可能な議論の方向性を素描することで、本稿の結論に代えておきたい。前者については、アンリ自身の思想的展開を考慮に入れる必要がある。『現出の本質』や『系譜』において、情感的自己触発は個体の個体性を究極的に保証するものとして機能しており、生の内在は本質上個体的なものと考えられていた。表象を規定する個体化の原理に代えて、いわば情感的個体化の原理を樹立することが狙われたのである。けれども、内在的自己触発をもとに個別化した「生ける自己」同士は、表象以前のレベルでいかに内的交流を可能にするのか。この難題に直面したアンリは『実質的現象学』で、各人が「自分自身」という泉や井戸から同じ水を飲む「情感的地下水層」、すなわち「生の〈基底〉」という高次の同一性に訴えざるをえなくなる。(21) これはやがて、各自の個体的生(vie)を貫通する「絶対的〈生〉(Vie absolue)」という、後期アンリの概念につながってゆく。内実はかなり異なるが、〈生〉も「意志」と同様、つねに同じ一つのものであり、各個体の内部においてその本質を無限に反復している。このような〈生〉と意志の類縁構造を考慮しつつ、それらを微細な点で差別化してゆくことが求められよう。

後者の問いをめぐっては、すでに『現出の本質』第六三節で「感情の錯覚」という考えに異議が唱えられていた。ある感情を虚偽や錯覚と見なす場合に考察されているのは、感情の実在ではなく、その表象内容(思考対象)にすぎない。感情の誤謬や錯覚はそれ自体としては起こりえない。この視点からすると、ショーペンハウアーが種族の視点から語る恋愛「妄想」論はいささか表層的である。それは、ドーキンス流のネオ・ダーウィニズムが今日喧伝していることと大差なく、生命学的達観を含んだ一種のシニシズムとなる。

とはいえ、性愛の問いでもまた、後期アンリは期せずしてショーペンハウアーとの接点をもつ。(22) 『受肉』のエロス論は、ショーペンハウアーの議論以上にペシミスティックで悲劇的な様相を帯びている。そのテーゼによれば、二つの生が相手の肉を求めて結ぼうとする性愛関係は結局、「挫折(échec)」の反復に収斂してゆくという。後期アンリは古代教父に依拠しつつ、救済を性愛とは異なる「愛」の様式に求めた。ショーペンハウアーと違って生殖の重大さを無視した点にアンリ現象学の弱さが認められるものの、性と愛から出発して再び両者の議論を突き合わせることは、けっして無益な作業ではないだろう。

注

以下の著作については、丸括弧内に略号・頁数を記した。角括弧内は邦訳の（巻数・）頁数を示す。訳出に際しては邦訳に従ったが、文脈に応じて表記・訳語を改めた部分もある。

GP: Michel Henry, Généalogie de la psychanalyse. Le commencement perdu, Paris: PUF, 1985.〔山形頼洋ほか訳『精神分析の系譜——失われた始源』法政大学出版局、一九九三年。〕

N-I: Martin Heidegger, *Nietzsche* 1, Pfullingen: Neske, 1961.〔細谷貞雄監訳『ニーチェⅠ』平凡社、一九九七年。〕

N-II: Martin Heidegger, *Nietzsche* 2, Pfullingen: Neske, 1961.〔細谷貞雄監訳『ニーチェⅡ』平凡社、一九九七年。〕

W-I: Arthur Schopenhauer, *Die Welt als Wille und Vorstellung, Band 1*, in *Sämtliche Werke*, Band 2, herausgegeben von Arthur Hübscher, Wiesbaden: F. A. Brockhaus, 1972.〔『ショーペンハウアー全集2・3・4』白水社、一九七三年。〕

W-II: Arthur Schopenhauer, *Die Welt als Wille und Vorstellung, Band 2*, in *Sämtliche Werke*, Band 3, herausgegeben von Arthur Hübscher, Wiesbaden: F. A. Brockhaus, 1972.〔『ショーペンハウアー全集5・6』白水社、一九七三年。〕

（1）Paul Janet, "Schopenhauer et la physiologie française: Cabanis et Bichat", *Revue des deux mondes*, tome 39, 1880, p. 59.

（2）ビシャらフランス生理学との関連は、高橋陽一郎『藝術としての哲学——ショーペンハウアー哲学における矛盾の意味』晃洋書房、二〇一六年、一三九頁以下に詳しい。

（3）Cf. Théodule Ribot, *La philosophie de Schopenhauer*, postface d'Anne Henry, Paris: Les Belles Lettres, 2010. フランソワ・アルノー、小倉拓也訳「ショーペンハウアーとニーチェの読者としてのベルクソンの問題」『年報人間科学』三一号、六五—八二頁参照。

（4）Alexis Philonenko, *Schopenhauer. Une philosophie de la tragédie*, Paris: Vrin, 1999, p. 178.

（5）Cf. Daniel Schubbe, Matthias Koßler（Hrsg.）, *Schopenhauer-Handbuch: Leben, Werk, Wirkung*, Stuttgart: J.B. Metzler Verlag, 2014, pp. 316-321; Thomas Regehly, Daniel Schubbe（Hrsg.）, *Schopenhauer und die Deutung der Existenz: Perspektiven auf Phänomenologie, Existenzphilosophie und Hermeneutik*, Stuttgart: J.B. Metzler Verlag, 2016.〔同書には、以下の注で挙げるジャンとモンスーの論文およびアンリの遺稿がフランス語原文のまま収められている。〕

（6）Cf. Grégori Jean, Nicolas Monseu, "Note éditoriale: Les enjeux de la lecture henryenne de Schopenhauer", *Les Études philosophiques*, no. 102, Paris: PUF, 2012/3, pp. 300-301; Michel Henry, *Le Bonheur de Spinoza*, Paris: PUF, 2004, p. 84.

（7）G. Jean, N. Monseu, *op. cit.*, p. 301.

（8）M. Henry, "Heidegger, Descartes, Nietzsche: Schopenhauer et le « courant souterrain » de la métaphysique [Ms B 4-96-2060/2072]", *Les Études philosophiques*, no. 102, 2012/3, p. 311.

（9）Martin Heidegger, *Metaphysische Anfangsgründe der Logik im Ausgang von Leibniz, Gesamtausgabe Bd. 26*, Frankfurt am Main: Vittorio Klostermann, 1978, pp. 138-140.［酒井潔／ヴィル・クルンカー訳『論理学の形而上学的な始元諸根拠――ライプニッツから出発して』創文社、二〇〇二年、一五三―一五五頁。］

（10）類似の批評は下記文献にも見られる。Cf. Bret W. Davis, *Heidegger and the Will: On the Way to Gelassenheit*, Evanston: Northwestern University Press, 2007, pp. 311f.

（11）Henry, *Philosophie et phénoménologie du corps. Essai sur l'ontologie biranienne, Paris*: PUF, 1965, pp. 84f.

（12）『現出の本質』はこの差異を「現象学的距離」と名づけ、批判的に分析している。Cf. Henry, *L'essence de la manifestation*, 2e éd., Paris: PUF, 1990 [1963], pp. 72-90.

（13）感情概念に立脚した別の考察として、多田光宏「〈同情＝共苦〉の哲学」、『ショーペンハウアー読本』法政大学出版局、二〇〇七年、一三六―一四六頁が明晰である。

（14）以下の論文に同種のテーマをめぐる興味深い再構成および図式化が出てくる。Cf. Christopher Janaway, "Schopenhauer's Pessimism", in *The Cambridge Companion to Schopenhauer*, New York: Cambridge University Press, 1999, pp. 318-343.

（15）新宮一成訳「抑圧」、『フロイト全集　第一四巻』岩波書店、二〇一〇年、一九七頁。

（16）アンリのフロイト論については、拙論「生の自己刺激――アンリのフロイト読解をめぐって」、『ミシェル・アンリ研究』第一号、二〇一一年、三九―五七頁を参照されたい。

（17）この思想の本質的究明として、鎌田康男「若きショーペンハウアーにおける〈意志としての世界〉の構想――ショーペンハウアー研究の新視角をもとめて（第二部）――」、『武蔵大学人文学会雑誌』第二〇巻第三・四号、一九八九年、板橋勇仁『底無き意志の系譜――ショーペンハウアーと意志の否定の思想』法政大学出版局、二〇一六年を参照。

（18） Henry, *Voir l'invisible. Sur Kandinsky* [1988], Paris: PUF, 2005, pp. 199f.

（19） Henry, *Phénoménologie de la vie, tome III*, Paris: PUF, 2004, pp. 250f.

（20） Cf. Henry, *C'est moi la vérité. Pour une philosophie du christianisme*, Paris: Seuil, 1996, pp. 152ff.; *Incarnation. Une philosophie de la chair*, Paris: Seuil, 2000, pp. 258ff.

（21） Henry, *Phénoménologie matérielle*, Paris: PUF, 1990, p. 178.

（22） Cf. Henry, *Incarnation*, pp. 292ff. 現代フランスの文学界で、こうした性愛の痛ましさをミシェル・ウエルベックほど的確に描き出した作家はいない。その近著は、ショーペンハウアーの知的態度を「将来のあらゆる哲学者にとっての手本」（Michel Houellebecq, *En présence de Schopenhauer*, Paris: L'Herne, 2017, p. 25）と評している。

※本稿はＪＳＰＳ科研費（JP16K02130）の助成を受けたものである。

キルケゴールにおける「反復」思想の展開

須藤孝也

はじめに

キルケゴール（一八一三―一八五五年）の反復論がその後の多くの哲学者に小さからぬインパクトを与えたことは、周知の通りである。専門的な「キルケゴール研究」ではなく、自らの哲学を示すことを目的とした諸著作が、『反復』と題された著作を一瞥し、そこで展開された議論の一部に言及するだけである場合、その反復理解の不正確さを指摘することはそれほど難しいことではない。もちろん、キルケゴール研究者によるテクストの正確な理解を探求するこれまでの作業は有意義なものであり、なんら批判されるべき営みではない。だが、キルケゴールは、『反復』においてのみ反復について論じたのではなく、実際は、『畏れと戦き』や『不安の概念』といった前期のその他の哲学的著作においても反復について論じたのであった。そしてまた以下に示すように、反復の思想は、前期だけで終わるわけではなく、前期を締めくくる『哲学的断片を結ぶ非学問的後書き』（以下、『後書き』と略す）を経て、後期のキルケゴール思想のうちでも生き続けたのである以上、キルケゴール研究の見地からすれば、反復概念に関する論文や論考に対しても、それが個別の議論に焦点を合わせるものであれ、その他の箇所でキルケゴールが展開した議論にも周到に配慮することが望まれる。

本論文は、もっぱら前期のいくつかの著作に定位してなされてきた従来の反復概念に関する諸研究[(1)]が、断片的なものにとどまったり、その他の議論を考慮しないことでキルケゴール思想の問題圏を見誤り、多少なりとも強引な解釈を提示してきたことを反省し、現在に至るまで手つかずのままに残ってきた問題、すなわち、キルケゴール思想全体における反復思想の展開を見届け、反復がキルケゴール思想の全体を貫く一本の筋であることを示すことを目標とするものである。これにより、これまで過小に評価されがちであった後期の議論が含意するところも明らかになると考えられる。

一　前期の議論

キルケゴールは、キリスト教神学の「原初状態の回復（redintegratio in statum pristinum）」――すなわち堕罪以前の状態の回復――の概念から着想を得て、一八四二年から四三年にかけて執筆した「ヨハネス・クリマクス、すべてのものが疑われねばならぬ」（以下、「ヨハネス・クリマクス」と略す）において反復について語り始めた[(2)]。この「ヨハネス・クリマクス」は、哲学の始まりとしての「懐疑」について考察した未完の草稿である。この中でキルケゴールは、問題の核心を観念（Idealitet）と実在（Realitet）の関係に見出し、それらはいかにして一致するのか、考察を進めた。そこで反復が語られる。「観念と実在が互いに触れ合う時に反復が現われる。例えば、私がある時にあるものを見ると、観念が助けに入り、それが反復であると説明しようとする。ここには矛盾がある。というのは、存在するものが、同時に他の様式においても存在するからである。私は、外的なものが存在するのを見るのだが、その瞬間に私はそれを、これまた存在するあるものに、すなわち同じものであるあるものに、さらにその他のものは同じものであると説明しようとするあるものに関係させる。ここには二重化（Fordobling）が、つまり反復の問題が存在する。」（15, 58）実在はつかの間のうちに存在し、観念は永遠的に存在する。(3) この質的に異なる二者が意識のうちで衝突する。この衝突は、二者が異質なものである点で、「矛盾」と言われる。同時にこれはまた、二者が、異質でありながらも、同じものを指すがゆえに、「二重化」でもある。ここでキルケゴールは、反復が、観念それ自体のうちにも実在それ自体のうちにも存せず、それが、実在と観念が交わるところの人間の意識において生じることを強調する。かつて存在したものが今また存在するようになるという、この不可思議な反復に人間は抜き差しならない関心を抱く。観念と実在の重なり合いに関心をもって注視する意識こそが懐疑するのであり、意識を度外視して実在と観念について客観的に反省するばかりでは懐疑を克服することはおろか、真に懐疑することで哲学しはじめることすらできないだろう、というのがこの草稿の主張である。

このように観念と実在と意識の関係を考察するなかで反復論は立ち上がるのだが、その後の反復論の展開において、観念と実在はさらに永遠と時間／歴史とも言い換えられていく。それは反復の最初の着想が「原初状態」の反復から得られていることからすれば、何ら驚くに当たらない。というのも、反復について論じる際、キルケゴールは、神やイデー、人類＝人間といった観念が、たとえ歴史のうちで様々なものが変容するにしても、歴史を貫いて妥当し続けるのはいかにしてか、という問いについて考えているのだからである。「近代哲学は歴史的な哲学であると同時に永遠な哲学であり、さらに近代哲学はこのことを意識している。それはキリストが統一している二つの本質とまったく同じものである。」(15, 33) というように、キルケゴールは、永遠の観念と時間のなかで多様な姿を見せる実在の一致を近代哲学の主要問題と見なし、これに正確に答えるポテンシャルをキリスト教に認めていたのである。

懐疑について考える上の草稿で、反復概念に対する明確な関心がキルケゴールのうちに芽生えた。とはいえ、懐疑はいかにして克服されるのか、観念と実在の矛盾についての反省と、それを意識している精神はいかに関係しているのかなど、多くの重要な問題が詳しく論じられるには至らなかった。そしてキルケゴールは翌四三年に、自身の恋愛経験と関連させながら、反復について今一度考察しようと試みる。それが『反復』である。ここでキルケゴールは、キリスト教が登場する以前のものの考え方である想起説と対比しながら、反復について次のように論じる。「全ての認識は想起であるとギリシア人が言ったとき、彼らは、今存在する現存在 (Tilværelse) の全体は以前から存在してきた、と言っていたのである。これに対して、人生は反復であると言うとき、それは、存在してきた現存在が今生じる (blive til) ということを意味する。想起や反復のカテゴリーがないとしたら、人生の全体は空虚で、無内容な空騒ぎに帰してしまう。想起は異教徒的な人生観であり、反復は現代的な人生観である。反復は形而上学の関心事である。しかしまた、そこで形而上学が座礁するところの関心事である。反復はあらゆる倫理的な見方の合い言葉である。反復はあらゆる教義上の問題の必要条件である。」(4, 25)「ヨハネス・クリマクス」から基本的な考え方は踏襲されているが、そこで実在と言われていたものが、ここでは現存在と言い換えられている。またここでは、反復がその都度の生成の運動であることが、想起との対比でクリアに言われている。今まで繰り返されてきた観念と実在の一致が、今再び現存在において生じる。人間の意識とは無関係に世界が自動的に反復するのではなく、各人がその実存を形成することにより、永遠のイデーが今再び歴史的存在である人間のうちに生起するのである。こうした永遠と時間／歴史が触れ合う「瞬間」という考えは、神が人間としてこの世界に現れたという聖書の物語に範をとるものである。すなわち、永遠の神がある時に時間性のこの世に現れたということが、信仰において再認されるのである。

同年の日記でも、反復は想起と対比され、それが現在において未来に向かうものであることが明確にされる。「人生は後ろに向かって理解されなければならない、と哲学が言うのは全く正しい。しかしそれに関して人は、人生は前に向かって生きられなければならないというもう一つの命題を忘れている。この命題について考え抜けば、人生は時間のうちでは理解できるものには決してならないという結論に至る。それはまさに、後ろ向きの姿勢をとるために必要な完全な休止を、私はいかなる瞬間にも手に入れられないことによる。」(18,194) 内在に定位する想起の哲学は、これまでに起きたことを踏まえて必然性にしたがって世界を認識する。しかしそこには可能性への関わりが欠けている。前へ向かって、すなわち未来へ向かって開かれた反復は、必然性を踏まえつつも、自由をもたらす永遠なもの――具体的には神を指す――に対しても関わることで、可能性に開かれた実存を実現する。(4) 信仰は、「神にとってはあらゆる瞬間にすべてが可能である」(11,155) と信じることだと言うように、キルケゴールの神は、必然性よりも可能性や自由ときつく結びつけられて理解される。人間は、この神の自由に由来する自由をもつのである。

『反復』には恋人との復縁を願う「青年」と、彼に恋愛のアドバイスを与える筆者、コンスタンチン・コンスタンウスが登場するが、青年が「ヨブ記」を参照して反復を敢行していくのに対し、コンスタンチンにはそれができない。日記に、「「反復」は宗教的なカテゴリーであり、またそれになる。だからコンスタンチン・コンスタンティウスはあれ以上先へ進むことができないのである。彼は頭がよくアイロニストであり関心を惹くもの（det

Interessante）に戦いを挑む。」(18, 195) とあるように、コンスタンチンがアイロニーの段階にとどまるのに対し、この世に生きるということにしかるべき関心をもち、宗教性へと開かれた青年は、旧約聖書の「ヨブ記」に助けられてこの突破を行う。「僕は再び僕自身です。道に落ちていても他の人なら拾いあげようともしないこの「自己」を僕は再び手に入れました。……（中略）……とすると反復は存在するのではないでしょうか？　僕はすべてを二倍にして得たのではないでしょうか？　僕はまさに自己の意義を二倍に感じざるをえないようにして再び自己を得たのではないでしょうか？　この反復と比べたら、精神の規定とは何の関係もないこの世の財の反復など何でしょう？　ヨブは子どもだけは二倍にしてもらいませんでした。人間の生命はそういうふうに二倍にできないからです。ここでは、精神の反復だけが可能なのです。」(4, 87f) デンマーク語の反復 Gjentagelse は、gjen（再び）と tagelse（受け取ること）から成る語であるが、キルケゴールの反復論はここで聖書が描く、神とヨブの関係と重なり合う。周知のように、ヨブは、一切を失った後も神への信仰を捨てず、結局は失った財産を二倍にして与えられる。この物語を下敷きにして、本書で反復には、「あらゆる瞬間に命を賭け、あらゆる瞬間にそれを失い、そしてそれを再び得る」(4, 88) という意味が与えられる。ただし青年が再び受け取る、つまり反復するのは財産ではなく、「自己」である。失恋によって自己が崩壊した青年は、反復の運動によって再び自己を取り戻す。[5]

　失ったものを再び神から受け取り直すというこのヨブ的反復は、同年に出版された『畏れと戦き』の主題でもある。ただしここでは、反復されるものは、この世の財産でも、自己でもなく、この世界におけるこの世界に対する関わりである。「信仰の運動は、常に背理なもの（det Absurde）によってなされなければならない。そして強調しておきたいのだが、人は有限性を失うのではなく、これを完全に獲得するのである。……（中略）……つまり無限の運動をした後で、有限の運動をするのである。」(4, 132f) 神に対する関わりは、信仰者をこの世において起きる様々なことに対して無関心にするのではない。神に関わる信仰者は、この世との関わりを失うのではなく、神との関わりの後、彼はこの世界に復帰するのである。ここでの反復は、「ヨハネス・クリマクス」における反復と、人間の実存に対する関心こそ共有しているものの、それよりもはるかにダイナミックな概念となっている。「ヨハネス・クリマクス」においては、観念と実在の矛盾が意識された後に、いかにして精神がこの矛盾を処理していくのかという点についてはいまだ明確に説き明かされていなかった。そこでは、人間理解、世界理解、あるいは時間理解が、静的なものにとどまっていた。それと比較すると、ここでの反復は、倫理を踏まえての宗教の発生と、宗教が達成された後に回復される倫理とを語ることによって、はるかに弁証法の深まった議論になっている。

翌四四年の著作、『不安の概念』において、内在的形而上学の限界、倫理の発生と宗教性への突破、そして宗教による倫理の継承といったそれまでに論じられた議論が、再度組み立て直される。「現実に主体性の全てをかけた関心が生じる、すると形而上学は座礁する。反復が措定されていないときは、倫理が拘束する力となる。だからおそらく彼は、反復が倫理的な見方の合い言葉だと言うのだろう。反復が措定されていなければ、教義学はどうしたって存在することができない。反復は信仰において始まるのであり、また信仰は教義学的問題の器官なのだから。」(4, 324) ここでも反復は、基本的に、「ヨハネス・クリマクス」における議論に沿って、形而上学の手前で自己を意識する関心と結びつけられているが、そこでは実在と観念の関係と言われていたものが、ここでは形而上学および教義学へとより具体化している。形而上学や教義学を観想するだけの美的な主体には反復を行うことはできない。美的になされる観想とは別に、自らの自己を積極的に引き受ける主体こそが自由なのであり、その自由において神に関わることで、反復を行うことが可能になるのである。この自由に関しては、「課題は、反復を何か内面的なものに、自由本来の課題に、一切のものが交替変化するなかにあって、自由が本当に反復を実現しうるかどうかという自由の最高の関心に変えることである」(4, 324) と言われる。反復は、世界に実在するのではないのだから、それを「見出す」のが我々の課題なのではない。むしろピア・スェールトフトも指摘するように、「反復は各人に課せられた実存の課題である」(6)。

本書において反復は、一見するところ類似して見える「習慣 (Vane)」と対比される。「反復から永遠なものが失われるやいなや、習慣が生起する。原初性 (Oprindelighed) が厳粛 (Alvor) において獲得され保持されると、継続と反復が現れ、この原初性が反復から消え去るやいなや、習慣が現れる。厳粛な人間はまさに原初性によって厳粛なのであり、この原初性を伴って彼は反復に帰ってくる。」(4, 448) すでに見たように、反復は、単にある事象が実在の世界で繰り返し起こることを意味するのではなく、むしろ理念や永遠との関わりを内実としている。永遠なき繰り返しとしての習慣は、反復がもはや反復ではなくなるほどに劣化した写しでしかない。あるべき反復を、キルケゴールは次のように「日々のパン」に喩えていた。「期待は見た目には美味しそうな果実ではあるが、人を満腹させないし、想起は絵に描いた餅であって、満腹を望むほうが無理というものである。これに反して、反復は満腹と同時に祝福を与えてくれる日々のパンである。」(4, 10) 反復はいわゆる「マンネリ」とは正反対の事柄である。また反復は、次々と起こる新しいことを繰り返し求め続けること――それはむしろ反復の拒絶である――とも異なる。また先の引用において、永遠と並んで「原初性」という言葉もキー概念として登場しているが、すでに見たように、この「原初性」は、人類の原初状態、あるいはすべて人間にとっての人間性の原点を意味するのであり、これは一貫してキルケゴールが抱き続けている反復のイメージである。さらにここでは「厳粛」という言葉にも注目したい。厳粛と反復の間には密接な関係がある。「厳粛だけが毎週日曜日に同じ原初性をもって同じものへときっと帰ってくることができる。……（中略）……反復は人生の厳粛である。」(4, 449) 厳粛は、人生に対する厳粛を意味する。人生は享楽するためのものでもゲームでもない。反復概念には、人間がこの世界で生きることの意味が賭けられているのである。

二 『後書き』における総括

キルケゴールは四六年に『後書き』を出版した。これは、それまでに様々な趣向をこらして表現された哲学的着想を今一度実存論として鋳直し、総括するものであった。

本書においてキルケゴールが強調するのは、生成する実存、そして実存形成の非完結性である。人間を観念と実在、あるいは永遠と時間／歴史といった二つの世界にまたがるものとして捉えることはすでに見たが、キルケゴールは本書においても、人間が無時間的な世界において静止した存在ではないことを繰り返し述べる。「実存するということは、永遠の相の下にあるということではない。」(7, 330) 実際に実存する人間は永遠のうちで思惟と一致して存在しているのではなく、「実存する精神自身が実存しつつ生成（Vorden）のうちにある」(7, 175) のである。この生成はいつか終わるものではない。

ここで美的実存、倫理的実存、そして宗教的実存といういわゆる実存の三段階説を思い浮かべる者は、そうは言っても、実存は宗教的段階に至って完結するのではないかと思うかもしれない。キルケゴールが理想とする人間はキリスト者以外にはありえないのであり、その意味では確かにそうである。とはいえ、キリスト者という宗教的実存を何か完成したものと見なすならば、キルケゴールの実存論、および反復論を大きく誤解することになる。というのも、キルケゴールは、「既に確立したもの（det Bestaaende）という形式のもとでキリスト者であるということは、本来、不可能なことだ」（16, 112）と述べて、キリスト者の実存を完結しないものとして考えているからである。「たとえある者が最高点に到達したとしても、反復――彼が後退しないなら（あるいは空想的な存在にならないなら）、それによって彼は自らの実存を満たす――は再度続けられる格闘であろう。なぜならここでまた完結ということは遠くに追い払われるのだから。」（7, 117）人間は繰り返し実存を形成し続けなければならない。『後書き』において反復は、この実存形成の何度も繰り返される格闘を意味する。「課題は、情熱の選択を反復し、それを実存しながら表現することである。……（中略）……課題はこれを反復することである。」（7, 373）次節で詳しく見るように、この実存形成の反復が、後期のキルケゴール思想の背骨となっていく。

キルケゴール思想がキリスト教信仰を背景として構築されたものであることはすでに見た。その実存論も、信仰者の実存を念頭において展開されている。上で見た、反復の議論が次のように信仰生活に即して表現される。「信仰するというのは、きっぱり一度きりというのではなくて、毎日無限の人格と情熱をかけた関心をもって、信仰の確実な精神を獲得するということである。」（7, 59）反復は実存者が自らの実存を形成すべくその現在においてその都度なすものであって、観念の世界で認識を作り上げることを意味するものではない。時間のうちに実存する人間が必然性を頼りに推論を続けることを中断し、その都度の現在において永遠に触れながら繰り返し自己を形成すること。「実存する者にとって運動の目標は決心と反復である」（7, 284）とキルケゴールは言う。

このように、キルケゴールが語る実存形成の運動は宗教的な含意をもっており、キリストを介して神に関わろうとするものである。しかし、『畏れと戦き』において示されたように、それは単にこの世からの超脱を意味するものではなく、超脱以後にこの世への関係を回復する。こうした信仰者のこの世でのあり方に関する関心は、すでに『不安の概念』においても表明されていた。「私の宗教的な実存が、私の外面的な実存にどのように関わり、そこにおいてどのように表れるのかを明らかにすること、これが課題である。……(中略)……ここに再び反復の問題が起きてくる。すなわち宗教的な深思を始めた後、個人は自分自身をくまなくすっかり取り戻すことにどこまで成功するかということである。」(4, 407-8) こうした宗教への突破を果たした後の倫理の復活は、『後書き』においても継続して論じられる。「試練(その弁証法については反復を参照)は一通過点であって、試練を受けた者は再び戻ってきて倫理のうちに実存する。」(7, 242) キルケゴールは、キリスト教以前の内在倫理を第一倫理と、キリスト教を前提とした倫理を第二倫理と呼ぶ。「第一倫理は罪を無視し、第二倫理は罪の現実性を自らのうちに含んでいる。」(4, 330) この第二倫理の中身について、後期のキルケゴールはさらに思索を深め、より詳しく論じていく。

三　後期における展開

反復が達成する倫理は、『不安の概念』を書いた当時のキルケゴールのなかに、すでに関心としてあった。後の隣人愛に関する議論を先取りしながら、「同情している人がその同情において、ここで問題となっているのは自分のことなのだと最も厳格な意味で理解しながら苦しんでいる人に関わって初めて、同情は意味をもつ」(4, 421) と述べられていた。だが、『後書き』を完成させた後の後期のキルケゴールは、キリスト者としての自らのあり方を顧みながら、あるべき実存の姿についてさらに思索を深め、それに対して、『後書き』までのような哲学的な表現ではなく、より直接的にキリスト教的な表現を与えるようになる。こうして第二倫理は、キリスト者がなす他者への関わり、すなわち「隣人愛」として語られていく。

自己愛に発する偏愛が、自分が好む他者や、自分に利益をもたらす他者だけに愛を向けるのに対し、キリスト者は神の前に一人立ち、神を介して隣人に、すなわち万人に関わる。「あなたが神に祈るために閉じたドアを開いて外に出ていくとき、あなたが出会う最初の人が、あなたが愛するべき隣人である。」(9, 58) 神がキリストをこの世に送って示した愛を、人間もまた隣人に対してなさなければならない。そうすることで神の愛に応えるのでなければならないとキルケゴールは考える。

その理解によれば、新約聖書に描かれるキリストがなした行為が理想的な愛の実践である。この理想的な愛を、もしキリスト者が賞賛しながら眺めるだけだとしたら、それは神が望むところとは大きくかけ離れたものになってしまう。むしろ自らの実存においてキリストを倣わなければならない。それがキリスト者に要請される律法である、とキルケゴールは言う。「真の意味でキリスト者であるというのは、もちろんキリストであるということではなく(瀆神だ!)、キリストを倣う者(Efterfølger)であるということである。……(中略)……倣う者というのは、あなたの生き方が、一人の人間に可能な限りに、キリストの生き方と等しくあることを意味する。」(12, 114-5) こうした倣いの要請が後期キルケゴールの中心テーマであり、その厳しさは年を重ねるごとにますます増していった。五〇年の『キリスト教への修練』においては、「最も哀れな人とまったく文字通りに一つとなること(これが、ただこれだけが神的同情である)」(12, 71) とまで言われた。

ここで、上述の「二重化(Fordobling)」と非常に類似した「複製(Fordoblelse)」という言葉が頻繁に使われるようになる。これは、とりわけ理念の実存における現実化を意味する。例えば、キリストの倣いについて、「真理の存在とは、君の、私の、あるいは彼の生き方が、真理を求める格闘のうちで真理を表す複製のことである」

(12, 202)と言われる。前期の反復思想が存在論において意味をなす二重化概念によって表現されたのに対し、後期のそれは実存論ないし実践論において意味をなす複製概念によって表現されるのである。

通常、他者を愛すれば、他者によって感謝され、さらに愛し返されると期待することができる。しかし、厳密に言うならば、キリスト教が示している愛はそうした類いの愛ではないとキルケゴールは言う。自分と相手がともに幸福になるべくなされる愛であれば、他者にも理解されるであろうが、自分の幸福を目標とせず、むしろ自身を犠牲にして、ただまったき愛を行おうとするキリスト者は、キリストその人が磔にされるに至ったように、この世においてはすべてを失い、憎まれさえすることを覚悟しなければならない。キリスト教が浸透したキリスト教世界においてすら、そうした事態は起こりうると考えるところにキルケゴールのキリスト教理解の特徴がある。キルケゴールは、人は美談を聞くことは好むけれど、実際にそれが実践される状況に遭遇すると、しばしばその愛を受け止め損ねうると言う。カトリシズムを修正すべくプロテスタンティズムが登場したことに、確かに最初は意味があったのだが、その体制が常態化することによって、プロテスタンティズムは単なる現状肯定の宗教に成り下がってしまった。今一度、本来のキリスト教の正しい理解を回復しなければならないというのがキルケゴールの主張である。とはいえそれは、キリスト者が富や名声を得る社会の実現を目指すものではない。この点において、キルケゴールは少しも楽観的ではない。キリスト教は繁栄や勝利ではなく、むしろ没落や卑賤と結びつけられる。

キリスト教が人間の尺度に切り詰められ、人間の文化、人倫のうちにキリスト教を認めようとする傾向が強まる啓蒙以降のキリスト教において、危険を冒してまでも神的な愛を実践しようとする、キリスト教のラディカルな側面はそぎ落とされるに至った。「人は倣いをすっかり廃棄してしまった。そしてせいぜい市民的正義という賤しいものにしがみつくのである。だから人々は「恩寵」への衝動を正しく感じるように遜ることもできない。なぜなら、要求されるのはせいぜい「市民的正義」ぐらいのもので、彼らはそれを大体において果たしているのだから。」(24, 382) キリスト教は、本来、市民生活を機能させるようにして働くものではなく、むしろ市民社会のエコノミーからこぼれ落ちる人間に寄り添うものであり、このエコノミーをかき乱すものであるとキルケゴールは理解する。

そしてここでとりわけ重要なのは、倣いの要請を果たすことは人間には可能であるが、しかしほとんどすべての場合、人間はそれを果たし損ねるということである——ここに『後書き』における実存の非完結性の議論が響いている。人間はキリストを模範にしながら他者を愛そうとする。しかしそれにもかかわらず、その理想があまりにも高いがゆえに、キリストを倣い損ねてしまう。他者を愛し損ねてしまう。重要なのは、この失敗した後である。そこでキルケゴールは失敗を赦す神の恩寵について語る。「律法の下、私の浄福は律法の要求を満たすという条件と堅く結ばれている。……(中略)……あなたの浄福は、あなたが要求を満たすことにかかっている。だが誰もこれに耐えることができない。実際、彼が厳粛であればあるほど、その絶望も同じ瞬間に確実なのだ。そして、彼が律法を満たし始めることさえ、完全に不可能になる。ここに「恩寵」がやってくる。」(22, 383) 神の赦しないし恩寵は、人間が愛し損ねることを許容し、愛すべきという義務を廃棄することを意味するのではない。愛し損ねに対する神の赦しは、愛そうとする奮闘の終わりなのではなく、その愛し損ねに対する神の赦しを経て、再度他者に対する愛をもった関わりへと続いていく。そのようにして神との関係は続くのである。「私は恩寵の方へと逐うために、キリスト教の要求、すなわち倣いを、その全無限性において提示したいのである。」(25, 204) もし人間が自ら他者を愛することができるのであれば、また神がその失敗を赦さないのであれば、人間と神との間の愛の関係は不要なものとなり廃棄されてしまう、とキルケゴールは考える。

前期における反復をめぐる思考が、後期の倣いの要請を引き受けるキリスト者像に具体化する。(7) そこには、人生の意味、関心、自由、実存形成の非完結性、第二倫理、受け取り直し、倣い、複製、日々の生活において繰り返される挑戦、といったあらゆる反復の契機が流れ込んでいる。自己、神、他者に対して真摯に向き合い、困難な課題に、繰り返し繰り返し日々挑戦すること。キルケゴールの反復をめぐる思考は、そうした生き方の提示に結実した。「人間は自らのうちに永遠なものをもっている。このため、完全に刹那的に存在することはできない。永遠なものなしですませようとすればするほど、その日一日を生きることから遠ざかる。」(10, 86) 反復とはつまり、その実存において真理を示すべしという困難な要請に、日々、挑戦し続けることである。

おわりに

隣人愛の困難、すなわちそれは可能であるとともに不可能であることをキルケゴールは洞察した。その困難を認識しながらも、なおキルケゴールは隣人愛の要請に応えようと挑戦し続けることを説いた。いわば「キルケゴールの肩越しに」人間をめぐる現代の状況を眺めるとき、我々は我々にとっての人間愛の要請もまた、同様に困難なものであることに気づく。我々はナショナリズムやネオ・リベラリズム、歴史学、その他様々なものが容易に「人間」を分断する状況を生きている。そうした現代の社会生活のなかでまったき人間愛を常に生きることは不可能である。しかし同時に、そうした状況が存在するがゆえに、人間愛は必要なものとも、また可能なものともなる。「人間」を語り、諸個人のあるべきあり方や関係の仕方を哲学が考え、論じる限り、哲学もまた不可能性と可能性が共存する困難な課題に向き合っていると言える。

現代においては、様々なものが合理化され、オートメーション化され、計算できるものを目印にして行動する場合がますます増えている。計算できるもののことだけを考えて生きることで、最も幸福に生きることができると考える人も少なくない。一方では、人間がプログラムした人工知能を備えたロボットはますます人間に似てきており、人間と見分けることが難しくなりつつある。しかし人間の世界はそのように人間自身が統御しうるものであろうか。人間は、世界をコントロールする力を高めさえすれば、幸福に生きられるようになるのであろうか。ここでキルケゴールは自己関係の重要性を直視しながら否と言うのであり、その議論はキリスト教信仰を前提としない議論空間においても、十分参考に値するものである。人間と人間の関わりは、多くの場合、達成できることと達成できないこととの間でなされるのであり、そこで生じる様々なやりとりこそが、人間を結びつけるのではなかろうか。我々は、肯定と否定の間、〇と一の間で様々なことを企てる。このため、逆説的にも、確実に見込める結果だけを目印にして生きることは、人間を疎外の状況に追い込んでしまうのである。覚悟して挑戦した結果が望ましいものであれ、望ましくないものであれ、挑戦することそれ自体が、竹に節が入るように、自己を成長させる。キルケゴールがその実存論において述べたように、見込んだ成果が得られようが得られまいが、挑戦する前と後とでは、自己は多少なりとも変化するのである。生存することとの和解は、そうした困難な課題を引き受ける自己との持続的な関係からこそ得られるのではないか。キルケゴールの反復論はこうした射程を有している。

注

キルケゴールのテクストは、*Søren Kierkegaards Skrifter*, udg. af Niels Jørgen Cappelørn, Joakim Garff, Anne Mette Hansen og Johnny Kondrup, bd. 1-55, København: Gads Forlag, 1997-2013（*SKS*と略す）から訳出し、巻数と頁数を示した。なお、訳出にあたって既存の翻訳を参考にさせていただいたことをお断りしておく。

（1）Edwatd F. Mooney, "Repetition: Getting the World Back", in: *The Cambridge Companion to Kierkegaard*, ed. by Alastair Hannay and Gordon D. Marino, Cambridge: Cambridge UP, 1998, pp. 282-307. Niels Nymann Eriksen, *Kierkegaard's Category of Repetition : A Reconstruction, Berlin*: Walter de Gruyter, 2000. など。

（2）四〇年頃の日記に、「実際に犯した罪の赦しが問題になるような場合でも、罪人の赦しによって現実的な原初状態への回復が行われるということは、どのような意味においてなのだろうか？」(27, 281) とある。そして四三年の『反復』で、キルケゴールはこの言葉を「反復」と言い換える。*SKS* 4, 21.

（3）Momentを「瞬間」と区別して「つかの間」と訳した。*SKS* 15, 58.

（4）この議論は、『死に至る病』の第一編CAbβにおいて示される必然性の絶望に関する議論へと繋がっている。*SKS* 11, 181.

（5）Cf. Joakim Garff, "Dannelse, identitetsdannelse og dannelseskritik", in: *At komme til sig selv*, red. af Joakim Garff, København: Gads Forlag, 2008, s. 124.

（6）Pia Søltoft, *Svimmelhedens Etik: om forholdet mellem den enkelte og den anden hos Buber, Lévinas og især Kierkegaard*, København: Gads Forlag, 2000, s. 222.

（7）特に四八年以降のキルケゴール思想の展開については、当時のデンマーク社会の状況の変化が深く関係している。Cf. Bruce H. Kirmmse, "Kierkegaard and 1848", in: *History of European Ideas*, 20(1-3), 1995, pp. 167-75.

他者の心の知覚の問題
――マックス・シェーラーの他者知覚論における二つのテーゼの統合的解釈の試み――

横山　陸

はじめに

マックス・シェーラーは、二十世紀初めのドイツで活躍した現象学者であり、世代的には現象学の創始者であるフッサールと、現象学を存在論へと転回させたハイデガーの中間に位置する。哲学史におけるシェーラーの功績は、近代哲学において理性と対比して否定的に扱われてきた感情を現象学的に分析し、感情のもつ価値評価的な合理性と間主観性の位相を明らかにした点に求めることができるだろう。とりわけ感情の間主観性に関しては、主著『共感の本質と諸形式』(1913/23)において中心的に論じられているが、彼の共感の現象学の理論的な基礎を成しているのが、心身二元論の克服を試みた他者知覚論である。この他者知覚論は、近年ギャラガーやザハヴィによって再評価を受けているが(Vgl. Gellagher 2008; Zahavi 2014)、その際に彼らが注目するのは、シェーラーの〈他者の心の直接知覚のテーゼ〉である。(1) 現代の「心の哲学」における理論説やシミュレーション説と違って、シェーラーは他者の心が表情や身振りとして身体に直接表現され知覚されると主張する。だが、シェーラーの他者知覚論には、もうひとつ厄介なテーゼがある。それは〈自他無差別な体験流のテーゼ〉である。自他無差別な体験の流れを原初的な体験として主張するこのテーゼに、シェーラーは〈他者の心の直接知覚のテーゼ〉を基づけている。つまり他者の心が直接知覚できるのは、他者の心的体験も自己の心的体験も自他無差別な体験の流れに基づいているからだという。しかし、これはシュッツが批判するように（Schutz 1942, 165）、自己の体験がすべての他者の体験をも包摂するという形而上学的独我論に陥りはしないだろうか。これに対してメルロ＝ポンティは「幼児の対人関係」において、シェーラーの〈自他無差別な体験流のテーゼ〉を発達心理学のテーゼとして解釈するという解決案を示唆している（メルロ＝ポンティ 2001, 45）。メルロ＝ポンティは自他無差別な体験の流れから、幼児の身体意識と他者知覚とが発達するプロセスを説明している。

とはいえ、シェーラー自身は、このテーゼをあくまでも認識論のテーゼとして主張している。そこで本稿は、〈自他無差別な体験流のテーゼ〉と〈他者の心の直接知覚のテーゼ〉とを新たに解釈したうえで統合し、シェーラーの他者知覚論を形而上学的独我論としてではなく、社会的認識論として捉え直すことを試みたい。そのために以下では、まず〈他者の心の直接知覚のテーゼ〉を知覚における解釈の介在という観点から検討する（一）。次に、この解釈を社会的に共有するメカニズムとして〈自他無差別な体験流のテーゼ〉を捉え直す（二）。以上に基づいて、本稿はシェーラーの他者知覚論を社会的認識論として解釈することの意義を、感情の規範性を説明できる点に求める。そしてこの点から、彼の共感の現象学を社会哲学や倫理学の枠組みにおいて再評価する可能性を示す（三）。

一　〈他者の心の直接知覚のテーゼ〉と知覚における解釈の介在

日常において私たちは、あの人は「怒っている」とか、あの人は「悲しんでいる」というように他者の心理状態を認識している。しかし、それはどのようにして可能なのだろうか。現代の認知科学において、それを説明する有力な理論は理論説とシミュレーション説である。[2] 理論説にしたがうと、私たちは、どのような刺激がどのような心理状態を引き起こすのかに関する「心の理論」をもっている。そして他者の観察可能な行動から、この「心の理論」に基づいて推論を行うことで、他者の心理状態を把握しているという。これに対して、シミュレーション説によれば、私たちは自らの心をモデルとしてシミュレーションすることで、他者の心理状態を理解しているという。人間は同じような認知システムをもっているので、他者が置かれた状況を想像すれば、その際に生じる自らの心理状態から他者の心理状態を類推できるというわけである。理論説が「心の理論」に基づいて他者の心を推論するのに対して、シミュレーション説は自らの心の理解から他者の心を推論する。こうした推論をベースとした現代の理論説やシミュレーション説に対して、ギャラガーやザハヴィがシェーラーの他者知覚論に注目するのは、シェーラーが他者の心の理解を非推論的な知覚として説明するからである。

この〈他者の心の直接知覚のテーゼ〉によってシェーラー自身が直接批判しているのは、テオドール・リップスの感情移入の心理学である。リップスによれば、私たちは他者の身振りや表情を知覚するとき、この身振りや表情を模倣しようとする「模倣衝動」を体験する。さらに模倣を通じて、自らの内面に感情を生み出そうとする「表出衝動」を体験するという。たとえば、私は他者の喜びの表情を知覚すると、この表情を模倣し、私のうちに喜びを生み出そうとする。そして、この生み出された喜びを理解し、それを他者にも帰属させることによって、はじめて他者の喜びが把握されるという(Vgl. Lipps 1907, 716 ff.)。つまりこの説にしたがうと、他者の心理状態としての感情は、模倣によって私のうちに生じた感情を理解することから推論される。この点でリップスの感情移入論は、ザハヴィが指摘するように、現代のシミュレーション説に非常に似通っている(Zahavi 2014, 106)。

しかし、こうした理論において実際に与えられているのは、他者と同じような私の心にすぎないと、シェーラーは批判する(GW7, 234 ff.)。つまり、他者の心は推論されるだけで、知覚されていないというのがシェーラーの不満である。では、実際に私たちは他者の心を直接知覚しているのだろうか。そして、それはどのように説明できるのだろうか。シェーラーは、リップスの感情移入論が前提としているデカルト主義的な心身二元論を攻撃することによって、これを説明する。心身二元論は心を身体から区別し、身体を物体と同じように扱う。だが、そうするかぎり、私たちが直接知覚できるのは他者の身体だけであり、この身体に囲まれた内面としての他者の心は外から知覚できず、推論する他なくなる。つまり、他者の身体のなかに私と同じような他者の心理状態を類推するか(類推説)、あるいは他者の身体運動を模倣することによって、私のなかに他者と同じような心理状態を生み出し、それを理解することから他者の心理状態を推論する他なくなる(再生産説・模倣説)(GW7, 20)。リップスの感情移入論も、こうした再生産説・模倣説の一種に他ならない。しかし、もし心が身体に囲まれているのではなく、身体に現れるならば、どうだろうか。そうすれば、私たちは身体のみならず、心も知覚できるはずだ。こうした現象が身体的な表情や身振りに他ならないとシェーラーは言う。私たちの身体は心と峻別された「物体(Körper)」ではなく、表情や身振りという物理現象によって感情という心理現象を表現する情緒的な「身体(Leib)」なのである。このことをシェーラーは現象学的に記述する。

私たちは微笑みに喜びを、涙に他者の苦悩と苦痛を、彼の顔の赤らみに彼の羞恥を、彼の物乞いする手に彼の懇願を、彼の目の優しい眼差しに彼の愛を、彼の歯ぎしりに彼の憤慨を、彼の打ち震える拳に彼の威嚇を、彼の言葉の響きに彼の思いの意味を直接に把握していると思っているが、それはおそらく確かだろう。

（GW7, 254）

つまり、私たちはいちいち他者の身振りや表情を模倣し、そこから生じる感情から他者の感情を推論するといった手間をかけずに、他者の身振りや表情に表現された彼の感情を直接知覚しているという。このことは、現象としては正しいだろう。だが、現象的に正しいことが、論理的にも正しいとはかぎらない。というのも、他者の表情を見てその感情を把握するとき、私たちはことさら意識して推論を行っていないとしても、無意識に――つまり現象の外で――推論や解釈といったメカニズムが介在しており、それに気づいていないか、気づくことすらできないという場合も考えられるからである。したがって、他者の心の知覚については、その現象的な直接性と論理的な直接性とを区別する必要があるだろう。シェーラーの〈他者の心の直接知覚のテーゼ〉が示すのは、知覚の現象的な直接性だけで、それが論理的にも直接的であることは含意していない。

では、他者の心の知覚は論理的にも直接的なのだろうか、それとも、そこには推論や解釈が介在しているのだろうか。これに関して、シェーラーは情緒的な身体が「シンボル関係」であるという面白い考えを示している。たとえば「顔の赤らみ」という物理現象を、「羞恥」という心理現象として知覚する際、この物理現象と心理現象とは「因果関係」ではなく「シンボル関係」だという（Vgl. GW7, 21, 256 f.）。つまり物理現象は心理現象の原因ではないが、心理現象を表現している。だがそうすると、「シンボル関係」とは記号論的関係に他ならないから、やはり論理的には「顔が赤い」という物理現象と「羞恥」という心理現象とのあいだには、この記号論的関係を解釈するプロセスが介在すると考えざるをえない。日常の円滑なコミュニケーションにおいては、この解釈のプロセスは顕在化されず、それゆえ現象的レベルでは、私たちは「顔の赤らみ」という物理現象を、「羞恥」という心理現象として直接知覚している。けれども、いったんコミュニケーションが複雑化すると、私たちは「顔の赤らみ」という物理現象を「羞恥」という心理現象として解釈すべきか、それとも「怒り」という心理現象として解釈すべきか即決できなくなる、という事態は容易に考えられるだろう。そしてその場合には、それまで無意識に行われていた解釈のプロセスは、現象的レベルに顕在化する。こうした事態は、実際に間文化的なコミュニケーションにおいてはよくあることだ。

したがって、シェーラーによる〈他者の心の直接知覚のテーゼ〉は、現象的レベルでは非推論的な知覚モデルであるが、論理的レベルでは解釈に媒介された知覚モデルだと言えるだろう。とはいえ、他者の心を把握することが解釈を含んでいるとしても、それがなお知覚のプロセスであるという点に、シェーラーのテーゼの現象学的な意義がある。もし他者理解がまったくの推論であって知覚でないならば、私たちはそのつど他者の表情を「感情のない表情」として知覚し、それから模倣なり推論なりによって、はじめてその感情を理解することになる。だが、表情を感情なしにただ表情としてだけ見ることほど、私たちにとって奇妙で困難なことはないだろう。次節では、他者の心の知覚における解釈の介在という観点から、シェーラーのもうひとつのテーゼである〈自他無差別な体験流のテーゼ〉を検討することにしよう。

二 〈自他無差別な体験流のテーゼ〉と知覚の社会的次元

十九世紀末から二十世紀初頭のドイツ語圏における哲学・心理学では、デカルト主義的な心身二元論に基づいて、内的知覚（innere Wahrnehmung）と外的知覚（äußere Wahrnehmung）とを区別し、この区別によって精神科学と自然科学とを基礎づけようとするのが一般的な傾向であった（Vgl. 石原 1999, 3）。たとえばブレンターノの経験的心理学は、内的知覚において与えられる現象を心理現象として、外的知覚において与えられる現象を物理現象として区別し、それぞれを心理学と自然科学の対象と見なしている（Brentano 1973, 109 f.）。そして「他者が私の心理現象を内的知覚によって把握できないのと同様に、私は他者の心理現象を把握できない」から（Brentano 1973, 53）、つまり知覚できる心理現象は私の心理現象に限られているから、内的知覚は自己知覚と同一視される[3]。前節で論じたシェーラーの〈他者の心の直接知覚のテーゼ〉は、この「内的知覚＝自己知覚」という等式を突き崩すものでもある。シェーラーによれば、内的知覚（＝心理現象の知覚）と外的知覚（＝物理現象の知覚）というブレンターノの区別は、内的感覚と外的感覚との区別に基づいている。つまり、物理現象の知覚である外的知覚は視覚や聴覚のような外的感官に基づき、心理現象の知覚である内的知覚は内的感官に基づくというわけである。これは一見すると、もっともらしく聞こえるが、そうすると、視覚という外的感覚に基づく知覚はすべて外的知覚となり、その対象は物理現象となってしまう。だが前節で考察したように、私たちは「顔の赤らみ」という身体の視覚的像を物理現象としてだけでなく、「羞恥」という心理現象としても知覚できるのであった。それゆえ、内的知覚と外的知覚という知覚の区別は、実際には外受容性と内受容性という感覚器官の区別には結びついていない（Vgl. GW3, 242 f.）。内的知覚が心理現象の知覚を意味するのであれば、他者の身体の視覚的像を「羞恥」という心理現象として知覚することは、それが視覚という外的感覚に基づいていようとも、内的知覚なのである。そして、こうした内的知覚は他者の心的体験の知覚であるから、ブレンターノによる「内的知覚＝自己知覚」という等式は崩れる。

しかし、このように内的知覚の意味を自己の心理体験の内観から、自他の心的体験の知覚一般へと拡張することは、新たな問題を生み出す。それは内的に知覚された心理現象が「誰の心的体験か」という体験の帰属の問題である。この問題にシェーラーは〈自他無差別の体験流のテーゼ〉によって答えようとしているが、本稿はそれを知覚の社会的次元から再構成することにしよう。内的知覚が心的体験の知覚を意味するならば、社会生活における内的知覚は、自己の心的体験の知覚であるよりも、他者の身体に表現された他者の心的体験の知覚であることの方がはるかに多いだろう。そのうえ私たちは他者の心的体験を、たいていの場合、特定の他者の心的体験としてではなく、たんに誰かの心的体験として知覚している。街中で私たちは日々さまざま人々と出会い、人々の身体に表現されるさまざまな心的体験を知覚している。けれども、それをそのつど意識して、特定の他者の心的体験として知覚しているわけではない。たいていは、たんに「誰か」の心的体験として無意識に知覚している。こうした内的知覚の仕方を、シェーラーは「心理伝染」と呼ぶ。論文「自己認識のイドラ」（一九一五年）において、シェーラーは次のように述べている。

内的知覚がまず私たちに示すものは、体験のなかでも伝統的な体験の形式および方向に対応しているものであり、そうした形式や方向は、私たちがその成員となっている家族、民族、その他の共同体の形式のなかにある。内的知覚は伝統的な態度を通じて生じるが、こうした内的知覚の伝統的態度から、つまり歴史的カテゴリーのシステムから徐々に解放されることによって、はじめて個人的な心的体験を把握することが可能となる。……（中略）……あらゆる伝統の形成の源をなす基本的プロセスは……（中略）……共同行為とそれに基づく共同体験のなかで他者の体験を介して起こる「心理伝染」である。（GW3, 284 f.）

シェーラーによれば、心的体験の知覚である内的知覚が第一に示すものは、「伝統的な体験の形式」に対応するものだという。「伝統的な体験の形式」とは、私たちが属する社会における心的体験の一般的な体験の仕方である。そうした「伝統の形成」は、他者との「共同行為」と「共同体験」における「心理伝染」を通じて行われるという。つまり、「心理伝染」によって「誰か」の心的体験が無意識に与えられ続けるなかで、私たちは体験を知覚するだけでなく、社会における体験の仕方、すなわち「伝統的な体験の形式」を無意識に学んでいる、と考えることができるだろう。そうすると、この「心理伝染」が、前節で論じた他者の心の知覚における解釈の介在という問題を、上手く説明してくれるように思われる。私たちの情緒的な身体はひとつの「シンボル関係」であって、たとえば「顔の赤らみ」という物理現象は、「羞恥」という心理現象として内的にも知覚されるのであった。そしてこの場合、現象的には「羞恥」が直接知覚されているが、論理的には「顔の赤らみ」から「羞恥」を解釈するプロセスが介在しているはずであった。「心理伝染」という観点からは、この解釈の介在に関して次のように説明することができるだろう。すなわち、「心理伝染」によって繰り返し〈誰か〉の「羞恥」という心的体験が無意識に与えられることを通じて、私たちは、社会において「羞恥」が表現され解釈される慣習的な仕方、すなわち「伝統的な体験の形式」を無意識に学んでいる。このように説明できるだろう。

さて、右の引用箇所の後半では、こうして「心理伝染」によって学習された「伝統的な体験の形式」すなわち「内的知覚の伝統的態度から」「徐々に解放されることによって、はじめて個人的な心的体験を把握することが可能となる」と言われる。この箇所を発達心理学的にではなく、社会的認識論として読むならば、私たちは心的体験を知覚する「伝統的態度」、別言すれば、特定の物理現象を特定の心理現象として解釈する慣習的な仕方を習得し、この仕方から適切に距離をとることができるからこそ、この慣習的な仕方との差異に基づいて、特定の個人に固有な心的体験を知覚できる、と考えられるだろう。

こうした連関において『共感の本質と諸形式』(1913) における〈自他無差別な体験流のテーゼ〉を解釈してみよう。

「さしあたり」流れているものは、我・汝に関して無差別な体験の流れであり、この流れは、実際に自己のものと他者のものとを区別せず、互いに混ざり合う仕方で、両者を含んでいる。そして、この流れのなかから徐々に固まった形をとったいくつかの渦が形成される。これらの渦は、流れの新たな諸要素をゆっくりと、しかし絶え間なくその輪のなかへと引き入れていく。そしてこのプロセスのなかで、これらの渦は順次、非常にゆっくりと、さまざまな個人へと帰属していく。(GW7, 240)

「我・汝に関して無差別な体験の流れ」から「徐々に固まった渦が形成され」、「これらの渦は順次、非常にゆっくりと、さまざまな個人へと帰属していく」というシェーラーの記述を、どのように理解すべきだろうか。たしかにメルロ＝ポンティが示唆するように、この記述を発達心理学のプロセスと理解することもできるが、本論はこれまでの議論に基づいて、社会的認識論のプロセスとして解釈してみよう。先述したように、社会生活において知覚される心的体験は、たいていの場合、特定の自己や他者の心的体験であるよりも、たんに「誰か」の心的体験として知覚されている。他者たちとのさまざまな共同行為を通じて、彼らの表情や身振りに表現される心的体験を、私たちは絶えず無意識に「誰か」の体験として知覚することによって、私たちは心的体験が表現され解釈される社会的な形式を学んでいる。そうすると「我・汝に関して無差別な体験の流れ」とは、この「誰か」の体験だと解釈できるだろう。そしてこの体験を通じて、体験が表現され解釈される社会的な形式を学習し、この形式との差異に基づいて、はじめて個々人に固有な心的体験を知覚することが可能となる。それが「無差別な体験の流れ」から「徐々に固まった渦が形成され」、「さまざまな個人へと帰属していく」プロセスだと解釈できるだろう。〈自他無差別な体験流のテーゼ〉をこのように理解したうえで、さらにシェーラーの他者知覚論における自我の二義性という問題を検討してみよう。右の引用箇所のすぐあとで、シェーラーはこう述べている。

「我・汝に関して無差別な体験の流れから個々人の渦が形成される」こうしたプロセスにおいて、つねに本質連関として機能しているのは、ただ次の諸命題のみである。（一）あらゆる体験は自我一般に帰属しており、ある体験が与えられるときには、いつでもまた自我一般が共に与えられている。……（中略）……（三）自我性一般と汝性一般とが与えられている。けれども「体験された」体験が帰属するのがどの個人であり、この体験が私たちの自己の体験であるのか、他者の体験であるのかということは、体験が第一次的に与えられる際には、必ずしも共に与えられていない。（GW7, 240）

「あらゆる体験は自我一般に帰属している」と言うならば、「我・汝に関して無差別な体験の流れ」も「自我一般」に帰属していることになる。それにもかかわらず、「体験が帰属するのがどの個人であり、この体験が私たちの自己の体験であるのか、他者の体験であるのか」は、「必ずしも共に与えられていない」とも言われる。ここでシェーラーが「自我一般」と、特定の自己や他者としての個人的な自我とを区別していることは明らかだろう。しかし、こうした区別は、どのような区別なのだろうか。シュロッスベルガーの提案にしたがって、まずは「自我一般」を〈体験の主語〉として、特定の個人的自我を〈体験の帰属〉として考えてみよう（Vgl. Schloßberger 2005, 166 f.）。たとえば、シェーラー自身の例であるが、自分のことをマリー・アントワネットだと思い込んでいる統合失調症の患者は、自らの体験の主語を「私」と指示できるが、その「私」が誰かと尋ねられると、彼女は「私」を自己自身ではなくマリー・アントワネットに帰属させてしまう（Vgl. GW7, 35 f.）。あるいは、記憶喪失の患者は、今さっき自分が体験したことについて、その主語を尋ねられると、それは「あなたでなく私だ」と答えられるが、その「私」が誰かと尋ねられると、「私」を誰にも帰属できずに口ごもってしまう。統合失調症の患者も記憶喪失の患者も、〈体験の主語〉としての「私」を指示することはできるが、前者は〈体験の帰属〉としての「私」を誤って帰属させ、後者は帰属できないでいる。これらの例から分かるのは、心的体験が成立するための条件は、〈体験の主語〉としての「自我一般」だけであり、この体験を特定の個人的自我に帰属させること、あるいは正しく帰属させることは条件に含まれない、ということである。したがって「汝・我に関して無差別な体験の流れ」といえども、〈体験の主語〉としての「自我一般」は必要としている。すなわち「ある体験が与えられるときには、いつでもまた自我一般が与えられている」というわけである。ザハヴィは、こうした「自我一般」を体験の「ミニマム・セルフ」と見なすが（Vgl. Zahavi 2104, 131 f.）、このミニマムな自我は、引用箇所にあるとおり「自我性一般と汝性一般」という形式的な区別をすでに含んでいる。先に挙げた記憶喪失の患者の体験には、この〈体験の帰属〉としての個人的自我は欠けているが、〈体験の主語〉としての「自我一般」は与えられている。それゆえ、彼は〈私〉が誰であるか答えることはできないが、しかし自分が体験したことについて、その主語を「あなたでなく私だ」と、自我と他我（＝汝）との形式的な区別をもって指示することはできる。このように「自我一般」が、すでに自他の形式的な区別を含んでいるという点に、間主観性の基礎を求めることができるかも知れない。しかし厳密に考えれば、自他の形式的な区別によって基礎づけられるのは、たんに「私ではない他者が存在する」という他者の存在の認識であって、この「他者がどのような心的体験をもっているか」という他者の心の認識までは基礎づけられない。そのためには、自我と他我とが心的体験を表現し解釈する共通の形式をもっている、という条件がさらに必要となる。

　この条件を「自我一般」から導き出すためには、この「自我一般」という存在を、私たちの自我の形式という論理的存在としてだけでなく、同時に知覚可能な現象的存在として考えさえすればよい。先に論じたように、社会生活において、たとえば街中で、私たちはさまざまな人々と出会い、人々の身体に表現されるさまざまな心的体験を知覚している。その際、私たちはこの心的体験を特定の自己や特定の他者の体験としてではなく、たんに「誰か」の体験として無意識に知覚している。この「誰か」こそが「自我一般」の現象的存在だと言えるだろう。つまり、私たちは〈体験の帰属〉する特定の個人的自我を無意識に捨象して知覚しているので、この〈体験の主語〉としての「自我一般」のみが「誰か」として知覚される。同時に、この心的体験自体は、体験の帰属が捨象された「我・汝に関して無差別な体験の流れ」として知覚される。先に論じたように、この「我・汝に関して無差別な体験の流れ」の知覚を通じて、私たちは心的体験が表現され解釈される社会的な形式を学んでいるのだから、この〈体験の主語〉である「自我一般」は、自我と他我とが心的体験を表現し解釈する共通の形式をすでに具えていると言えるだろう。

したがって「我・汝に関して無差別な体験の流れ」とその〈体験の主語〉である「自我一般」からなる〈自他無差別な体験流のテーゼ〉は、シュッツが批判するような、すべての体験を「自我一般」に包摂してしまう形而上学的独我論ではない。このテーゼは、社会生活において私たちが心的体験を知覚し、それを通じて心的体験が表現され解釈される慣習的な形式を学習するプロセスの現象学的記述に基づいている。次節では、このテーゼをメルロ＝ポンティが示唆するように、発達心理学のテーゼとして解釈するよりも、本稿が示すように社会的認識論のテーゼとして解釈することの意義をさらに考察することにしよう。

三　シェーラーの他者知覚論を社会的認識論として解釈することの意義

「我・汝に関して無差別な体験の流れ」から「徐々に固まった渦が形成され」、「これらの渦は順次、非常にゆっくりと、さまざまな個人へと帰属していく」という〈自他無差別の体験流のテーゼ〉を発達心理学のテーゼとして解釈することは難しくない。たとえば、新生児微笑の段階を過ぎた幼児を抱いて父親が笑いかけると、幼児も笑いだす。もちろん幼児は父親がどうして笑っているのかも、自分がどうして笑っているのかも知らないが、笑うことによって幼児は喜ぶ。こうした「心理伝染」を通して、幼児は喜びという心的体験の表現と解釈の仕方を学んでいく。それと同時に、父親の喜びも自分の喜びも、はじめは無差別な体験の流れに過ぎなかったが、徐々に父親という個人の喜びと、幼児個人の喜びとは区別されていく。しかし、このように〈自他無差別の体験流のテーゼ〉を発達心理学的に理解する場合には、心的体験の表現と解釈の仕方が社会のなかで変化していくという事実が説明できない。

本稿が示すように〈自他無差別な体験流のテーゼ〉を社会的認識論のテーゼとして理解することの利点は、この変化を説明できる点にある。社会において心的体験が表現され解釈される仕方は、固定されたものでなく徐々に変化していくが、そうであれば、私たちは心的体験の表現と解釈の形式を一度習得すれば済むのではなく、絶えず学び直していく必要がある。前節で論じたように、「我・汝に関して無差別な体験の流れ」とその「心理伝染」を、幼児の学習プロセスとしてではなく、社会生活において他者の心的体験を知覚するプロセスとして理解すれば、この「絶えず学び直していく」という学習の循環も説明できる。私たちは日々、街中で他者に出会い、彼らの身体に表現される心的体験を「誰か」の心的体験として無意識に知覚し、それを通じて心的体験が表現され解釈される社会的な形式を絶えず学び直している。他者の心的体験を、特定の他者の心的体験として意識的に知覚する際には、すでに学習された体験の社会的な形式に基づいて、私たちはこの他者の心的体験を知覚している。同時に社会的な形式との差異という形で、彼の心的体験の個性や固有性を知覚している。しかし、この差異が繰り返されると、それはもはや個人の個性や固有性ではなく、心的体験を表現する新たな社会的形式へと変化していく。私たちはそうした差異をはじめは彼の個性として意識的に、しかし次第に「誰か」の心的体験の表現形式として無意識に知覚していくことを通じて、体験が表現され解釈される社会的な形式を学び直していく。このように理解できるだろう。

しかし、以上のようにシェーラーの〈他者の心の直接知覚のテーゼ〉と〈自他無差別な体験流のテーゼ〉とを統合し、社会的認識論として解釈しても、彼の他者知覚論には限界がある。というのも、こうした理論的枠組だけでは、心的体験が表現され解釈される社会的形式との差異以上のものとして、私たちが他者の心の固有性を、積極的に認識している事実を説明できないからである。そのためには、身体表現とその知覚から、言語的な他者理解へと他者認識の枠組み自体を移行させる必要があるが、シェーラーはそれを他者知覚論に基づいた彼の共感の現象学において、人格愛の構造として展開している（Vgl. 横山 2015）。シェーラーの他者知覚論と共感の現象学との関連に関して言えば、彼の他者知覚論を社会的認識論のテーゼとして解釈することには、さらに積極的な意義がある。ヒュームやアダム・スミス以来、英米哲学における共感論が、感情の規範性という問題を主題的に扱ってきたのに対して、ショーペンハウアー、ニーチェ、シェーラーというドイツ語圏の哲学における共感論の伝統には、そうした問題意識が見られない。シェーラー自身は共感における規範性の問題を、彼の価値論から間接的に説明しようと試みている節があるが（Vgl. GW7. 144）、そのためには彼の実在論的な価値倫理学の妥当性を示すという別の難題を背負い込むことになる。[4] いずれにしても、感情における規範性の議論の欠如は、彼の共感の現象学を現代の社会哲学や倫理学の枠組みにおいて再評価する際の足枷となる。[5] これに対して、「我・汝に関して無差別な体験の流れ」とその「心理伝染」を、心的体験が表現され解釈される社会的な形式の学習プロセスとして捉え直す本稿の試みからは、この社会的な形式を、感情の表現と理解に関する社会的な規範として示すことができる。したがって本稿の射程からは、シェーラーの共感の現象学を感情の規範性という観点から再解釈し、社会哲学や倫理学の枠組みにおいて再評価することが可能となるだろう。

結語

これまでの議論を要約しよう。本稿はマックス・シェーラーの他者知覚論における二つのテーゼを統合的に解釈することを通じて、この他者知覚論を社会的認識論として呈示することを目指してきた。そのために、まずシェーラーの〈他者の心の直接知覚のテーゼ〉が、他者の心的体験の解釈という契機を排除するものではないことを明らかにした。それに基づいて、本稿はさらにシェーラーの〈自他無差別な体験流のテーゼ〉を、心的体験が表現され解釈される仕方を社会的に共有するメカニズムとして理解した。最後に本稿は、社会的認識論としてのシェーラーの他者知覚論の意義を、それが感情の規範性を示すことができる点に求めた。そして、この規範性という観点から、彼の共感の現象学を現代の社会哲学および倫理学の枠組みにおいて新たに解釈する可能性を示した。

注

（1）〈他者の心の直接知覚のテーゼ〉と〈自他無差別な体験流のテーゼ〉とは、シェーラー自身がこのように命名しているわけではなく、筆者による便宜上の命名であることを断っておく。

（2）理論説とシミュレーション説については、Zahavi（2014, 99 ff.）および源河（2017, 108 ff.）を参照。

（3）ブレンターノの意識の内在主義については植村（2007）を参照。

（4）シェーラーの価値倫理学は、擁護することが困難な価値実在論と見なされることが多い。これについては、横山（2017）を参照。

（5）この点については、たとえば、Krebs（2014, 69 ff.）を参照。また英米哲学における共感論の伝統から、感情の規範性と社会哲学における感情の意義を示したものとしてはヌスバウム（2010）を挙げることができるだろう。

＊シェーラーのテキストからの引用と参照は、すべてMax Scheler, *Gesammelte Werke*（=GW）による。

Brentano, F.: 1973, *Psychologie vom Empirischen Standpunkt*, Bd. 1, Leipzig.

Frings, M. S.: 1969, *Person und Dasein*, Den Haag.
Gallagher, S.: 2008, Direct Perception in the Intersubjective Context, in: Consciousness and Cognition 17.
Krebs, A.: 2015, *Zwischen Ich und Du: Eine dialogische Philosophie der Liebe*, Berlin.
Lipps, T.: 1907, Das Wissen von fremden Ichen, in: *Psychologische Untersuchungen*, Bd. 1, Leipzig.
Schloßberger, M.: 2005, *Die Erfahrung des Anderen*, Berlin.
Schutz, A.: 1971, Schelers Theory of Intersubjectivity and the General Thesis of the Alter Ego, in: M. Natanson（Hg.）, *Collected Paper*, Bd. 1, The Hague.
Zahavi, D.: 2014, *Self and Other: Exploring Subjectivity, Empathy, and Shame*, Oxford.
石原孝二、1999、「『感情移入』と『自己移入』。現象学・解釈学における他者認識の理論（2）シェーラーの他者論（前）」、『北海道大学文学研究科紀要』第四十八号。
植村玄輝、2014、「内世界的な出来事としての作用。ブレンターノ、フッサール、ライナッハ」、『現象学年報』第二十三号。
源河亨、2017、『知覚と判断の境界線。「知覚の哲学」の基本と応用』慶應大学出版会。
メルロ＝ポンティ、モーリス、2001、『メルロ＝ポンティ・コレクション3　幼児の対人関係』木田元／滝浦静雄共訳、みすず書房。
ヌスバウム、マーサ、2010、『感情と法。現代アメリカ社会の政治的リベラリズム』河野哲也監訳、慶應義塾大学出版会。
横山陸、2015、「マックス・シェーラーにおける愛の概念のアクチュアリティー」、『倫理学年報』第六四集。
横山陸、2017、「マックス・シェーラーにおける『感情の哲学』」、『現象学年報』第三三号。

＊本稿は日本学術振興会特別研究員として文部科学省科学研究費（特別研究奨励費、課題番号：16J04646）の交付を受けて行った研究成果の一部である。

ヘーゲルとガダマーをめぐる〈思弁的なもの〉の思考

――哲学的解釈学における弁証法の地平――

小平健太

はじめに

主著である『真理と方法』の刊行によってハイデガーの存在論哲学を引き継ぎ、〈哲学的解釈学〉という名称のもと二〇世紀思想の牽引役の一人を務めることになったガダマーにとって、「弁証法」という問題は、彼の思考の最初期の段階より切実に問われていた事柄であった。というのも、こうしたガダマーの関心は、ヤスパースの後任として招聘されたハイデルベルク大学において、これまでの研究の総決算として完成を見ることとなった『真理と方法』をはるかに遡り、彼が哲学を志したマールブルク大学における修学時代に端を発するものだからである(1)。若きマールブルク時代において、ガダマーは弁証法的思考に基づく哲学的論証の理念を回復するというヘーゲルの要求に大きな刺激を受け、その思考の生産性を明らかなものとし、かつその論証の術を体得すること、こうした課題を数十年にもわたり自らの主要な哲学的関心として持ち続けた(2)。

こうしたヘーゲル哲学に寄せていた若きガダマーの関心は、さらにヘーゲルの背後に潜在する彼のプラトンへの本質的な連関を透視させる点でも興味深い。[3] ガダマー自身告白しているように、「古代弁証法とヘーゲル弁証法とを相互に関係づけ、その両者を相互に対照しながら解明すること」[4]、こうした課題において、両者の連関の内に〈思弁的なもの（›das Spekulative‹）〉の運動性を看取し、自らが位置する歴史的状況においてその意義を問いただすことは、彼にとって重要な問題であり続けたのである。こうした問題意識のもと長きにわたり行われたガダマーのヘーゲル解釈は、もちろん『真理と方法』の内にも脈々と引き継がれ、解釈学的問題の普遍化に大きく貢献するとともに、『真理と方法』を経た後、六〇年から七〇年の間にいたる彼のヘーゲルに関するいくつもの論文へと結実し、それらは『ヘーゲルの弁証法——六篇の解釈学的研究』[5]として、ひとつの著書にまとめ上げられることとなった。[6]

そこで本論考は、『真理と方法』における哲学的解釈学の企ての内に息づくヘーゲル哲学の思想が、いかにして形成されてきたか、長きにわたって培われたガダマーのヘーゲル解釈を読み解くことで、この点を見極めることにしたい。ヘーゲルの思弁哲学に対する差異と親和性をともに孕んだ緊張関係の只中に、その揺らぎとともに現出する〈哲学的解釈学〉の独自の言語論的展開を見定めることが、本論考の目的である。

一　ガダマーのヘーゲル解釈（i）——近代と古代をめぐる弁証法的思考のモチーフ

『ヘーゲルの弁証法』の巻頭論文である「ヘーゲルと古代弁証法（Hegel und die antike Dialektik）」において、ガダマーがまず取り上げているのが、ヘーゲル哲学に内在する古代と近代の弁証法をめぐる「〈新旧論争〉

〈›querelle des anciens et des modernes‹〉」の問題である。「ヘーゲル哲学においてその壮大な解決を見たのは、近代の普遍的テーマである〈新旧論争〉に他ならない。(7)」ガダマーは『精神現象学』の「序言（Vorrede）」におけるヘーゲルの言葉を引用しつつ、古代と近代の研究方法とを同時に視野に収める『精神現象学』の立場に注意を払う。ガダマーが解釈学的な思考に基づく繊細な鑑識眼をもって着目するのは、ヘーゲル哲学に潜在する弁証法的思索の地平の形成過程そのものである。

「学問一般の、ないしは知の生成過程を叙述する(8)」体系の第一部門としての『精神現象学』の手法に関して、ヘーゲルはその「序言」において、一方で近代的な学問方法のあり方を批判的に捉えつつ、まずはそれを退けている。「それに〔古代の研究方法に〕対して近代において、個人に見出されるのは、既に用意された抽象的形式である。この抽象的形式を捉え、自らのものとしようとする努力は、具体的なものや、現に存在するものの多様さから内なるものを現出させるというよりは、むしろ内なるものを無媒介的に（unvermittelt）こちらへと駆り立てることであり、また普遍的なものの切り下げられた産出である。(9)」ここでヘーゲルがまず退けようとするのは、近代的な思考に基づく悟性的演繹によって具体的多様性の基盤から不当に切り離された形式的普遍性であり、またそれを問題としてきた近代の思考的枠組みそのものである。むしろ我々は、近代の「頑丈に規定された思想を破棄することによって、普遍的なものを実現し、生気を吹き込（む）」まねばならない。(10)「弁証法が成し遂げるべきこととは、主体と実体との区別を破棄すること、そして実体のうちに沈み込んでいる自己意識と、その自己意識の純粋で対自的（für sich）に存在する内面性とを、精神の同一の運動の真ではない形態として把握することである。(11)」こうしたヘーゲルの態度は、しばしば指摘されてきたように、カント以降の形式主義に対するヘーゲル自身の立場表明に他ならない。(12)また同時にそこには、ガダマーも指摘するように、「純粋悟性概念の超越論的演繹」においてカント自身が自らに立て解決した課題に対する、ヘーゲル独自の仕方による別様の遂行と、[13]その完成を目論む『精神現象学』の歩みが示唆されている。[14]カントが述べる「統覚の総合（Synthese der Apperzeption）」を、すなわちヘーゲル自身にとっての「自己意識」をあらかじめ与えられたものとして扱うのではなく、それ自身証明されるべきものとして論じつつ、それを一切の意識における「真理」として証明することが、『精神現象学』の重要なモチーフの一端を担っている。

また、かたや他方でヘーゲルは、近代の研究方法への批判的眼差しと同時に、古代の研究方法の意義を次の点に見ている。「古代の研究方法とは、自然的意識を本来的に鍛え抜いていくものであった。自然的意識は現にそれが存在するいたる場面においても、自らをことさらに試行錯誤しつつ、出会われる一切のものについて哲学的に考察することで、自らを徹頭徹尾実地に活動する普遍性へと作り上げていくものであった。[15]」こうしたヘーゲルの古代哲学への眼差しにおいて捉えられているものは、「普遍的なもの」、すなわち「真理」を露わにする弁証法的思考の普遍的契機に他ならない。ヘーゲルは近代的な悟性カテゴリーによって「自然的意識」から切り離された抽象的普遍性ではなく、それがいまだともに自らと密接な関係を築き上げていた具体的普遍性を救い上げようとする。ただし、このとき注目すべきは、ヘーゲルはそれを意識に対する単なる対象として救い上げるのではなく、〈思弁的なもの〉の運動性に基づく意識と対象の全面的媒介性として真理の内に救い上げようとしている点である。こうした点においてヘーゲルは、近代の悟性カテゴリーによって真理が無媒介的にこちらへと駆り立てられる以前の、古代の弁証法に基づく真理の媒介性と、その媒介性の根幹をなす〈思弁的なもの〉の普遍的契機に注目するのである。

こうしたヘーゲルの試みに関して、ガダマーはヘーゲルの弁証法と古代弁証法とが接続する地点を的確に見抜いていた。「古代哲学の諸概念は、それらが包括すべき具体的多様性の地盤からいまだ切り離されていないがゆえに、古代の哲学は近代の哲学よりも、思弁的なものの流動性の近くにいることができたのである。[16]」こうして近代の「限定され、固定化された思想を破棄する[17]」ことにより、思考と対象との間の分離を経る以前の、両者の媒介の内に内在する〈思弁的なもの〉の運動性を回復させること、こうした意味において古代哲学の弁証法に基づく思考様式を復興させることが、ヘーゲルにとって第一次的に重要な問題であった。

二　ガダマーのヘーゲル解釈（ii）――ヘーゲルの弁証法哲学の包括的地平

ただし、ガダマーによれば、こうしたヘーゲルの思索の試みを理解するうえで、とりわけて配慮すべき点がある。それは、こうしたヘーゲルの古代哲学への着目が、近代哲学に対抗するための古代弁証法への一面的な回帰とその単なる復興以上の意味を持つ点である。一連のガダマーによるヘーゲル解釈において、彼が最大限ヘーゲルを称賛しているのは、まさにヘーゲルが、古代と近代の思索を融合させるという課題を独自に果たしつつ、双方の理論の包括的地平を形成している点に他ならない。こうしたヘーゲル哲学に潜在する地平の構成点を見極めるうえで、ガダマーがヘーゲル独自の言葉として度々注意を払っているのが、「流動化する（verflüssigen）」および「生気を吹き込む（begeisten）」という表現である。これまで見てきた通り、ヘーゲルは強固に固定され、限定されてきた近代の思考を「破棄する（aufheben）」ことの必要性を説くが、ガダマーが見るところ、その根本的意義とは、それを「流動化する」ことによって「普遍的なもの」、すなわち真理に「生気を吹き込む」ことにある。

ヘーゲルの弁証法は一方で、古代の弁証法的思考様式に基づき思考の弁証法であるのみならず、思考対象の、すなわち概念そのものの弁証法である点で、確かに客観的弁証法としてその一般的特徴を持ち合わせる。しかしながら、ガダマーが見る限り、他方でヘーゲルの弁証法の進行を規定するのは、「概念の関係そのものではなく、各々の思考規定において自己意識の〈自己〉を思考すること」である。[18]『精神現象学』は「意識の経験の学」として、「感覚的確信」およびそこにおいて与えられる「直接的なもの（das Unmittelbare）」を出発点とし、意識の側面と対象の側面のふたつの領域においてともに並行して、多局面的かつ段階的に繰り返されていく否定的媒介を経ることで、意識（と対象）の「即かつ対自」という包括的関係を学知における現実性として展開する。こうした弁証法的プロセスにおいて、『精神現象学』は学知の主体であるより高次な「意識」の成立過程を叙述するものである以上、こうした意味においてその立場はあくまでデカルト以来の近代哲学の伝統に沿うものであり、その思考的枠組みに与するものであると言える。ただし、このときヘーゲルの試みを正当に評価するうえで、重要なのは次の点である。すなわち、ヘーゲルが叙述する弁証法的発展の過程において学知の内へと救い上げられているのは、否定的媒介を経て自己へと照り返された（reflektiert〔＝反省された〕）自己意識だけでなく、この意識の否定的・反省的媒介構造が知の構造そのものとしてこの発展過程の内に組み込まれることで、対象の自体性もまた同時に学知の内へと救い上げられているという点である。というのも、知が捉える事象がそれ自身との関係性の内に解消され得ない自体性において真理の内に把握される点において、ようやく知はまさに他ならぬ知として成立するからである。こうした点において、ヘーゲル自身もまさに「各々の思考規定において自己意識の〈自己〉を思考する」という近代の思想的状況から制約を受けつつも、対象と意識の媒介的連関そのものの形成過程を学知の進行として叙述し、最終的にそうした過程がもはや過程ではなくなる絶対知の境地を用意する点で、『精神現象学』は意識と対象の区別そのものを克服する地点に立つ。またそれと同時に、古代と近代の弁証法理論の包括的地点に立つと言える。したがって、ヘーゲルにおいて近代的思考の「破棄」という言葉が意味するのは、まさに近代的思考の基盤を捨て去ることではなく、むしろその固定化された思考の枠組みを解きほぐし「流動化する」ことによって、古代弁証法における〈思弁的なもの〉の運動性を近代的な意識の運動性として再び蘇らせること、こうした意味において「生気を吹き込む」ことを意味するに他ならない。このようにしてガダマーが幾度となく「流動化」、および「生気を吹き込む」というヘーゲルの表現に注目しつつ、その意味にしたがってヘーゲル弁証法と古代弁証法との連関を考察することで明らかにしたのは、ヘーゲル哲学の根幹を成す弁証法の包括的地平そのものなのである。

こうした「新旧論争」という主題に基づき、学問形成一般の問題としてそこに内在する古代と近代をめぐる普遍的連関そのものを顕わにしようとするガダマーの思考は、『真理と方法』第一部よりヴィーコ解釈を通じて示された『真理と方法』の議論全体を進行させる解釈学的問題の普遍化の思考と並行しているものである。議論の始まりをなす第一部の芸術論において、近代の自然（科）学と人文主義的修辞学の緊張関係の狭間にヴィーコを通してガダマーが見ていたのは、真理をめぐる学的認識の形成が可能となるための基盤そのものであった(19)。そこで問われていたのは、古代と近代の優劣を確定するためのいかなる尺度でもなく、そこにおいて真理が開示されるところの両者の連関そのものである。したがって、近代科学的な知の枠組みを全面的に撤廃するのではなく、そうした知の生成を含め、学問一般の知の生成のための可能性そのものを開示しようとする解釈学的な思考は、ヘーゲルへの長きにわたる研究において既に萌芽のごとくガダマーの内に形成されてきたものであったと言える。

これまでのガダマーの理解に従う限り、ヘーゲルは近代とはまったく反対の課題を古代哲学の内に見出していた。ただし、このとき我々にとって重要であるのは、この課題はその反対のまま現在へと呼び起こされたのではなく、古代と近代をめぐる包括的連関の問題そのものとして受容されることによって、『精神現象学』の思索の開始点を形成するものであったという点である。こうしたヘーゲル解釈より示されるガダマーの分析的思考は、精神諸科学における〈理解〉の解釈学的な正当化という問題を通じて、哲学的解釈学の企ての内に脈々と息づいている。というのは、ガダマーはヴィーコのもとにおいて近代科学の方法論の背後に本来それを可能とする修辞学的思考を見出すことで両者の連関そのものの内に留まり、この連関内部より自らの解釈学の企てを作動させたように、ヘーゲルのもとにおいても近代哲学と古代哲学の連関の内において、両者の媒介項として〈思弁的なもの〉に基づく弁証法的運動を見出すことで、自らの解釈学思想の内に弁証法哲学の立場を取り込んでいるからである。このように見るならば、真理概念をめぐる一連の問題系において、近代科学的な知の枠組みの克服という試みは、ヴィーコの人文主義思想と同様、ヘーゲルの弁証法哲学の内にもまた、そのモチーフの一端をもつものであったと言える。デカルト的・自然科学的思考、および悟性概念の論証への真理の格下げに対して、悟性使用の真なる有効性を思弁的弁証法に依拠することで明らかにするという課題は、ヘーゲルおよび古代弁証法への関心とともに、既に『真理と方法』の基盤を準備するものであった。

三　ヘーゲル哲学の超越論的意味と媒介性の理論

こうしたガダマーのヘーゲル解釈は、ヘーゲル弁証法を古代弁証法との接点の内に問いただすということに重点を置く点で、一面的なものに過ぎないという意見もあるかもしれない。しかしそれでもやはり、〈新旧論争〉という主題のもと顕わにされたヘーゲル哲学のモチーフは、徹底してカントをはじめとする近代の悟性概念に基づく思考形態を克服しようとするヘーゲルの思索の内実を的確に浮かび上がらせる点で、極めて重要な意味を持つことは疑い得ない。そして既に見たように、こうした思索のモチーフは『真理と方法』における解釈学の思索のモチーフと密接に連関している。ガダマーが『精神現象学』の歩みにおける「自己意識」の章に「現象学の道全体における中心的な地位」(20)を認めるのはそのためである。

たしかに、一方でカントによる統覚の超越論的総合は、ヘーゲルの立場から見ても当の自己意識によって対象一般に関する意識が可能になる限りにおいて、自己意識の機能であると言うことはできよう。しかしながら、ヘーゲルが問うているのは、まさにそうした意識が自己意識たる所以に他ならない。既に述べたように、知がまさに知として成立するためには、意識との関係性の内に解消されない対象の自体性をも反省的に意識化する意識の媒介的構造を明らかにせねばならない。「たしかに自己意識とはある直接的な（unmittelbar〔無‐媒介な・非‐間接的な（un-mittelbar)〕）確信ではあるが、しかし、この自己意識の確信が同時に一切の確信の真理であるということ、このことはすでに自己意識の直接的な確信そのものの内に含まれている訳ではない。」(21)こうした点において、ヘーゲルはカントの超越論哲学と決定的にその道を分かつこととなる。「意識の区別を止揚すること、つまり意識と対象との間の緊張状態を止揚することが、むしろ現象学的な学の対象である。」(22)

ガダマーはこうした『精神現象学』の立場に、カントの超越論哲学と一線を画するヘーゲルの超越論哲学の意義を問いただす。「『精神現象学』は純粋知の契機を用意するが、それは決して世界総体（Welttotalität）の知ではない。というのは、純粋知はそもそも存在するものについての知ではなく、それは知られたものの知とともに、常に知の知だからである。この点が、ヘーゲルがはっきりと確定した超越論哲学の意味である。」(23)こうした〈知る意識〉と〈知られる対象〉との分離され得ない、いわば全面的媒介こそが、「ヘーゲルが悟性概念を超越論的に演繹するというカントの課題を変換した仕方である。[24]」こうした『精神現象学』の超越論的意味が、『真理と方法』

にお いてカント哲学の超越論的枠組みを越えて、〈経験〉の全体性そのものを媒介的に生成する言語の思弁的機能とともに、哲学的解釈学の内に引き継がれていくことになる。

四　言語性をめぐるふたつの立場——知の完結性と理解の有限性

〈経験〉における思考と存在の全面的媒介という点において、ガダマーは〈思弁的なもの〉に基づく思考様式を、解釈学的思考の遂行全体を規定する極めて重要な構成原理のひとつとして、ヘーゲルから受け取っている。[25] 思弁的思考は、カント的な認識理論の構図を克服するという『真理と方法』第一部の根本モチーフと共鳴すると同時に、第二部における歴史認識をめぐる客観主義のアポリアの超克というモチーフとも連動し、「地平融合」、および「適用」といったガダマー独自の解釈学的理念をその根底において支える点で、解釈学的問題の普遍化のための極めて重要な役割を担うものであったと言える。

しかし、言語の根底において思考を作動させる〈思弁的なもの〉の関係性が、「絶対精神」へと至る意識の弁証法的自己発展の過程の内に位置づけられている点において、ガダマーはヘーゲルと決定的に袂を分かつ。思弁的弁証法という両者の近接点において、むしろ真理をめぐる両者の思考の間の微妙な裂け目が顔を覗かせる。というのも、ガダマーは、言語の思弁的構造の内に概念の無限的運動と精神の究極的な自己統一の実現を思い描くのではなく、むしろそこに現存在およびその理解の歴史性と有限性とを見出すからである。「解釈学的関係もまた思弁的関係であるが、それはヘーゲルの哲学的な学が記述するような精神の弁証法的自己発展とは根本的に異なるものである。[26]」

『真理と方法』におけるガダマーの立場において、思考と存在の全面的な統一が真理として実現するのは、それが現存在の有限性における理解の内に生起する限りにおいてである。思考と存在の統一の生起を〈理解〉の内に基礎づけるガダマーの〈経験〉の理論は、一方で近代の二項的な認識図式における経験の客観主義的アポリアを回避するために、理解の主体性を言語そのものの内に委ねながらも、そうした理解の運動が理解者自身の〈地平〉の運動性を再解釈させるといった意味で、理解（者）そのものの再帰的な自己理解の構造を明らかにするものであった。こうした点において、むしろ理解――および解釈――とは、理解者自身の地平の融合、およびその拡張の運動として記述され、この運動の遂行内部において、またその限りでのみ理解は真理として生起すると考えねばならない。理解が対象の客観性を問題とするのではなく、理解自身の理解内容のいわばズレを問題とする以上、そこで理解には常に自らの主観主義、および相対主義の危険性が付き纏うことになるが、ここにガダマーが言語の思弁性を経験の全体性として理解の内に構造化した最大の意義がある。すなわち、そこでのガダマーの思索の力点とは、理解において本来常に問題となるはずである理解（者）自身のその都度の変動性、およびそうした意味における理解の有限性を理解の生起そのものに先立つ不可避の先行構造として明らかにしつつ、そこに思弁的関係に基づく言語の弁証法的運動性を理解そのものの運動性として位置づけることで、理解の脱主観化を果たすとともに、理解の超越論化をも果たした――つまり理解の可能性を問うという理解の再帰的な超越論的構造を理解そのものに付与した――点である。

つまり一方で〈思弁的なもの〉は、それ自体が自らの関係性における戯れ（Spiel）において理解の現実的遂行を担うと同時に、他方で理解の可能性そのものを開示する理解の超越論的地平を構成する点で、理解の正当性の相対化、すなわち真理要求の相対化とは無縁なのである。むしろここで理解とは、こうした思考の有限的連関の内に〈思弁的なもの〉の運動性が確保される点にこそ、自らの普遍性要求の根拠を持つと考えられねばならない。というのも、脱主観的様態における理解の現実的な遂行と、理解が自らの生起の可能性を自己解釈するという理解そのものの超越論的遂行——両者はともに「地平融合」という概念化に由来する——は、ともに現存在およびその理解の有限性から出発することで、最終的に両位相の解釈学的な循環関係そのものの遂行を経験の全体性として主張するものだからである。

このように理解するならば、ガダマーにとって思弁的関係に基づく言語の弁証法的運動とは、どこまでも知の有限性における思考運動の進展の過程として真理生起の内に位置づけられ、またそうした運動において実現される思考と存在の統一も、知の完結性としてその絶対的な客観的形態の内に実現するのではなく、その都度有限的な出来事（Geschehen）——それはハイデガー的な意味における「性起（Ereignis）」[27]の概念に極めて接近する——としての理解の生起の内に実現することになる。「言語という現象、および言語に追いつこうと試みる思考は、常に人間の有限性のもと見て取られなければならない。」[28]こうしてガダマーは、真理と言語の連関をめぐってヘーゲル的な弁証法的思考と解釈学的思考との間の緊張関係を看取しつつも、その間に一定の境界線を引くことで、真理生起における媒介性としての思弁的連関を、あくまで〈経験〉の有限性の内に位置づける必要性を主張するのである。[29]

五　結　語

存在と思考の統一を実現する弁証法的思考は、そこにおいて解釈学が弁証法哲学と連繋する接点に他ならず、〈経験〉の全体的媒介性という観点において、ガダマーの解釈学はヘーゲルの弁証法的・思弁的体系と多くの親和性が見出されることになる。ガダマーは、ヘーゲル哲学の根幹を成す弁証法の包括的地平を古代と近代との解釈学的な連関の内に看取することで、近代科学的な知の枠組みの克服という点において、自らの哲学的解釈学と同一の哲学的モチーフをヘーゲルと共有する。そして、ガダマーは〈思弁的なもの〉の超越論的機能を理解の言語性として受け継ぐことで、真理認識をめぐる議論に内在する媒介性の問題を解釈学の普遍的問題へと移行させている。そこには、カント的な経験の図式から、ヘーゲル的な〈経験〉の超越論的理解を経て、弁証法的思考の復権の意図が読み取られるであろう。

ただし、加えてそうしたガダマーの試みを読み解くうえで明らかとなったのは、こうした〈経験〉をめぐる媒介性の問題はまた、そこから両者が袂を分かつ分岐点でもあるという点である。ガダマーにとって思弁的関係に基づく言語の弁証法的運動は、どこまでも知の有限性における思考運動の進展の過程として、真理生起の内に位置づくものでなければならない。こうしたガダマーの洞察の内には、解釈学的思考と弁証法的思考とをハイデガー的な存在論の枠組みを挟みつつ相互に交わらせることで、ふたつの思考の地平的連関内部より自らの哲学を作動させようとする強い動機が働いていると言えよう。

こうして本論考がヘーゲルとガダマーの弁証法的思索の内に見て取ったのは、〈思弁的なもの〉の理解をめぐって共鳴と反発をともに孕んだ双方の緊張関係であった。また、その場にともに立ち会うことで我々が最大限目を凝らしたのは、テクストの深層においてこうした緊張関係そのものを生成していた双方の〈地平〉の解釈学的連関に他ならない。

注

（1）ガダマーは *Hegles Dialektik. Fünf hermeneutische Studien* の「序言」において、若い頃に既にニコライ・ハルトマンによって、さらに後にはハイデガーによってヘーゲル論理学と直面することになった、と記している。Vgl. H.G. Gadamer, *Hegles Dialektik. Fünf hermeneutische Studien*, in Tübingen: J.C.B. Mohr（Paul Siebeck）, 1971, S.5.

（2）*Ibid.*

（3）ヘーゲルの弁証法哲学に対する関心に加え、プラトン哲学に寄せていた若きガダマーのただならぬ関心は、修学時代の最後を飾るピレボスのプラトン的対話の研究をはじめとし、哲学的思考と文献学的な思考との緊密な一体性のもと一貫して彼の思想形成を支配してきたものである。Vgl. H.G. Gadamer, *Platos dialektische Ethik: Phänomenologische Interpretation zum Philebos*（1931）, Leipzig: Felix Meiner Verlag, 2000（in: *Gesammelte Werke 5: Griechische Philosophie I*, Tübingen: J.C.B. Mohr（Paul Siebeck）, 1999, S. 3-163）. また、ガダマーと弁証法哲学との連関において、初期ガダマーの思索におけるヘーゲルとプラトンとの関係を論じたものとして、以下の解釈も参照。Vgl. R. Dottori, *Die Reflexion des Wirklichen. Zwischen Hegels absoluter Dialektik und der Philosophie der Endlichkeit von M. Heidegger und H.G. Gadamer*, in Tübingen: Mohr Siebeck, 2006, S. 525-556.

（4）H.G. Gadamer, *Hegles Dialektik. Fünf hermeneutische Studien*, S. 5.

（5）Id., *Hegels Dialektik. Sechs hermeneutische Studien*, 2. vermehrte Auflage, in Tübingen: J.C.B. Mohr（Paul Siebeck）, 1980. なお、この初版である *Hegles Dialektik. Fünf hermeneutische Studien* は、一九七一年に同出版社から刊行されたものである。

ただし、第二版においては第二論文「逆さまの世界（Die Verkehrte Welt）」の続きとして書かれた「自己意識の弁証法（Die Dialektik des Selbstbewußtseins）」が追加収録されており、その全体像が見て取られるのは、この第二版となっている。著書の構成および諸々の論文の初出等は、邦訳を手掛けた高山守の「訳者あとがき」、および英訳版の訳者であるP. Christopher Smithによる「緒言」において、それぞれ言及がある。山口誠一／高山守訳『ヘーゲルの弁証法』未来社、一九九〇年、二四九―二五一頁、および *Helge's Dialektik. FiveHermeneuticalStudies*, translatedandwithanIntroductionbyP. ChristopherSmith, inNewhabenandLondon: YaleUniversityPress, pp. vii-ix. なお、これらの論文はいずれも『ガダマー全集』では第三巻に収録されており、本論では「序論」を除いてテクストは全集版から引用した。

（6）なお、こうした研究成果は、ハイデルベルク大学において彼が創設したヘーゲル研究振興協会を経て世に公表されることとなり、彼自身「数年来培われた私自身のヘーゲル研究も、この会の仕事には役に立つものであった」と述べている。Vgl. H.G. Gadamer, *Philosophische Lehrjahre. Eine Rückschau*, in Frankfrut am Main: Vittorio Klostermann, 1977, S. 183f.

（7）H.G. Gadamer, *Hegel und die antike Dialektik*, GW3, S. 5.

（8）G.W.F. Hegel, *Phänomenologie des Geistes*, in: *Gesammelte Werke 9*, herg. Wolfgang Bonsiepen und Reinhard Heede, in Hamburg: Felix Meiner Verlag, 1980, S. 24.

（9）*Ibid.*, S. 28.

（10）H.G. Gadamer, *Hegel und die antike Dialektik*, GW3, S. 6.

（11）*Ibid.*, GW3, S. 12.

（12）この点に関しては、以下の解釈も参照。R. B. Pippin, Gadamer's Hegel, in: *Gadamer's Century: Essays in Honor of Hans-Georg Gadamer*, eds. Jeff Malpas, Ulrich Arnswald, and Jens Kertscher, Cambridge, Mass: MIT Press, 2002, pp.217-238, esp.pp. 218-221.

（13）Vgl. H.G. Gadamer, Die Dialektik des Selbstbewußtseins（1973）,in: *Gesammelte Werke 3: Neuere Philosophie I, Hegel-Hussel-Heidegger*（=GW）, in Tübingen: J.C.B. Mohr（Paul Siebeck）, 1987, S. 47-64, bes., S. 47.

（14）Id., Die Idee des Hegelschen Logik（1971）, in: *Gesammelte Werke 3: Neuere Philosophie I, Hegel-Hussel-Heidegger*（=GW）, in Tübingen: J.C.B. Mohr（Paul Siebeck）, 1987, S. 56-86, bes., S. 66f.

（15） G.W.F. Hegel, *Phänomenologie des Geistes*, S. 28.

（16） H.-G. Gadamer, *Hegel und die antike Dialektik*, GW3, S. 6.

（17） G.W.F. Hegel, *Phänomenologie des Geistes*, S. 28.

（18） H.-G. Gadamer, *Hegel und die antike Dialektik*, GW3, S. 8.

（19） こうした解釈に関しては、以下の論文も参照。拙稿「書記性と共通感覚――ガダマー解釈学における共通感覚の受容の独自性とその問題点」、『境界を越えて――比較文明学の現在（16）』立教比較文明学会、二〇一六年、二九―四六頁。

（20） H.-G. Gadamer, Die Dialektik des Selbstbewußtseins（1973）, in: *Gesammelte Werke 3: Neuere Philosophie I, Hegel-Husserl-Heidegger*（=GW）, Tübingen: J.C.B. Mohr（Paul Siebeck）, 1987, S. 47–64, bes., S. 47.

（21） *Ibid.*, GW3, S. 47f.

（22） Id, *Hegel und die antike Dialektik*, GW3, S. 9.

（23） *Ibid.*, GW3, S. 8.

（24） Id., *Die Dialektik des Selbstbewußtseins*, GW3, S. 48.

（25） なおグロンダンもまた、カント的な〈経験〉概念の拡張に関して、ガダマーは最終的にヘーゲルに依拠したと指摘している。こうした解釈に関しては、以下の文献を参照。J. Grondin, *Hermeneutische Wahrheit? Zum Wahrheitsbegriff Hans-Georg Gadamers*, Königstein: Verlag Anton Hain Meisenheim GmbH, 1982, bes., S. 100.

（26） H.-G. Gadamer, *Wahrheit und Methode: Grundzüge einer philosophischen Hermeneutik*, in: Gesammelte Werke 1:Hermeneutik I（=GW）, Tübingen: J.C.B. Mohr（Paul Siebeck）, 1999, S. 475（轡田収／巻田悦郎他訳『真理と方法（Ⅰ）、（Ⅱ）、（Ⅲ）』法政大学出版局、一九八六年、二〇〇八年、二〇一二年）。

（27） ヘーゲルの「論理的なもの」における「反省」の思弁的運動の様態、すなわち反省自身が自らの内にあること（Insichsein der Reflexion〔反省の自己内存在〕）は、「言葉が自らの内に存すること（Insichstehen des Wortes）」と対応して、ハイデガーが「存在の性起（Ereignis des Sein）」として考えるような「真理」の概念を指し示すとガダマーは指摘している。H.-G. Gadamer, *Die Idee des Hegelschen Logik*, GW3, S. 84.

（28） *Ibid.*, GW3, S. 82.

(29) ガダマーは、ハイデガーの思考がヘーゲルの周りをどれだけ執拗に回り、ヘーゲルに対して新たな境界線を引くことを試みるものであったかを指摘し、ハイデガーの解釈学的現象学と思弁的弁証法との間の密接な関係性を見抜いていた。そして、ガダマーはいわゆる「転回」を経た後期ハイデガーの思想とヘーゲルの思弁的観念論との間の問題設定に、必然的な接近を見ている。Vgl. H.-G. Gadamer, Hegel und Heidegger, in: *Gesammelte Werke3: Neuere Philosophie I, Hegel-Hussel-Heidegger* (=GW), in Tübingen: J.C.B. Mohr (Paul Siebeck), 1987, S. 87-101, bes., S. 90. また、ヘーゲルとハイデガーの関係に踏み込んだ解釈として以下の文献も参照。村井則夫『解体と遡行――ハイデガーと形而上学の歴史』知泉社、二〇一四年、特に第五章「媒介の論理とその彼方――ハイデガーのヘーゲル『精神現象学』解釈をめぐって――」、一六三―二三八頁参照。

良心を自動的にはたらかせないための「躓き」としての無能力
――アーレントとヤスパースのアウグスティヌス解釈――

阿部里加

はじめに

アイヒマンの思考欠如をめぐり、良心をはたらかせるために必要なものとしてアーレントが無能力（Unfähigkeit（impotentia））の概念を強調していることはあまり知られていない。無能力とは、アウグスティヌスが『告白』で述べている内的分裂、すなわち〈意志してもできない〉という、意志の実行不能性としての無能力を意味する。この無能力は、講義草稿「道徳哲学のいくつかの問題」（『責任と判断』所収）において、このように論じられている。

（パウロの）「善とされるものをなそうとする意志は私にあるが、〔私が意志するwill（アーレント加筆）〕その善を実行する方法が分からない。」……この一節を真剣に受けとめるべきだと思う。そうすれば、行為のためのあらゆる刺激をもたらす装置とみなされた意志が発見されたのは、意志の無能力においてであるということは明白である。……意志が自らの内に生じさせるこの最初の分裂が、思考において生じる分裂とはまったく異なるものであることに注意しよう。意志の分裂は私と自己との対話ではなく、死にいたるまで続けられる過酷な闘いであり、平和からほど遠い。意志の無能力にも着目したい。……パウロがはっきり示したのは、アウグスティヌスの『告白』にある「意志することとできることは同じではない（non hoc est velle quod posse）」ということである。(RJ 118-120, 141-142)

ここで注目されているのは、意志は必ずしも行為のための刺激をもたらさないという、意志と行為との非接続性である。この非接続性をもたらすものとして、アーレントが「真剣に受けとめるべきだ」としているのは、思考の内的分裂ではなく、意志の内的分裂である。(1)

理由は、思考ではなく意志の内的分裂が、良心に深く関わるからである。このことは晩年の意志論では積極的に論じられておらず、(2)他の著作および論稿で論じられている。とりわけ注目すべきは、意志の内的分裂としてのこの無能力が、最初期の『アウグスティヌスの愛の概念――哲学的解釈の試み』（以下、「アウグスティヌス論」と略記）の中ですでに論じられていることである。また師匠であったヤスパースも、自身のアウグスティヌス論で無力（Ohnmacht）について論じている。(3)よって無能力と無力の違いについては二人のアウグスティヌス解釈の異同を整理する必要があるのだが、この整理に道筋をたてるべく本稿では、アーレントの無能力がヤスパースの無力や当惑、「良心の吟味」に密接に関わるということを示す。これにより、無能力がもつ実存的かつ道徳的意味を考察したい。

一　恐れ・罪・世界からの離反——アーレントの解釈——

〈意志してもできない〉意志の実行不能性としての内的分裂は、二人のアウグスティヌス論でともに論じられているが、アウグスティヌスにおける内的分裂と自己探求の関わりについては、重なりつつも異なる議論を展開しているようにみえる。そこではじめに内的分裂とそれがもたらすもの、自己探求、これらをめぐる叙述をそれぞれ確認することにする。

まずアーレントにおいて、アウグスティヌスの意志の実行不能性はギリシア思想とキリスト教の双方の観点からこう説明されている。すなわち人間は欲望において生きるさい、この世界に隷属してつねに「私の外（extra me）にあるもの」を求めるために、自己自身から逃避してしまい、自己自身を見失ってしまう。ここでは内的な分裂が生じ、人間は恐れを抱く。

> （欲望（cupiditas）に生き、世界に隷属する）人間は自らを分裂（dispersio）させて恐れ（metus）をいだき、本来の自己の喪失の内に生きる。この分裂は実際には、本来の自己の前からの逃避である。……自己自身の前でのこの逃避にたいし、アウグスティヌスは自己探求（se quaerere）を対置させた。それは自己自身を問うことであり、「私が私自身にとって問題となった（quaestio mihi factus sum）」ということである。（LBA 15-16, 29-30）

引用の、世界への隷属から生じる欲望は否定されているのではない。たしかに欲望は自己喪失をまねくが、それは「生を駆動させる契機」だからである。欲望から生じる恐れを、アーレントはギリシア的かつ実存的なものとして肯定的に捉える。すなわち、アウグスティヌスはプラトン、アリストテレス、プロティノスと続く伝統に立脚しており、彼の欲求（appetitus）にかんする欲望や幸福、善きものといったターミノロジーはすべてギリシア的伝統に由来する（LBA 10, 174）。この恐れは、「根源的には自らの生そのものにたいする自らの生の権能（potestas）の欠如から生じるのであり、この恐れこそ、自足（sibi sufficere）という理想の実存的根拠に他ならない」（LBA 15, 28）、と[4]。

こうした実存的根拠としての恐れは、キリスト信徒においては神のもとで同じく「権能の欠如」や不十全性（Insuffizienz）として受け取られる。この不十全性は人間ゆえの特徴である。なぜなら神においては能力（potentia）と意志（voluntas）が統一されているが、被造者は可能性を意のままに処理することができないからである。それゆえ欲すること（velle）と可能なこと（posse）との間の乖離や不一致、不確定な揺れが経験される。この不一致を取り除くには、神への愛（caritas）に依って、神を請うしかない（LBA 63–65, 119–122）。

さて、ここがアーレントの解釈の要所であるが、彼女は、アウグスティヌスの内的分裂は罪（Sündigkeit）として人間に意識され、この罪の意識は内発的要求と良心を生じせしめるとしたうえで、自己探求の意味をこう解きほぐしている。すなわち、内的分裂から生じる罪の意識は、被造者が創造者のもとで、この世界から離反して自己探求することで可能になる、と。

自己探求の問いかけとは、被造者はすでにこの世界から自己を離反（abwenden）させたか否か、また自分自身によって自ら掲げた目標に到達したか否か、さらにこの世界からの独立を勝ち得たか否かである。被造者が獲得するのは、律法（lex）の意識的な承認においてさえ、罪の意識（cognitio peccati）以外の何ものでもない。そのような罪は欲することと可能なこととの間の乖離に存するのである。（LBA 63–64, 120–121. 傍点強調は阿部、以下同様）

この自己探求による「世界からの離反」とは、世界から回避する、離脱する、世界をかわす、世界を見捨てるという意である。アウグスティヌスの自己探求は、アーレントの解釈によれば、人間がこの世界から離反して、この世界から独立することではじめて可能になる。

この世界離反のポイントは、人間が〈神の前（coram Deo）〉で感じる「できない」という権能の欠如であるが、それは意志の欠陥ではないという点にある。〈意志してもできない〉内的分裂によって被造者に生じる罪の意識は、創造者ではなく、被造者自身の罪の意識から発せられるわれわれ自身の良心であって、それは同時に、われわれの意志だからである。なぜなら律法を命じているのはわれわれ自身の良心であり、もし意志が充実していれば律法において命じられる必要はないからである（LBA 65, 122）。それゆえ神のもとでの自己探求はわれわれが自分自身の意志と良心をいただくことを可能するのであり、この自己探求なくして、この世界から離反することはなしえないのである。では、ヤスパースのアウグスティヌス解釈において、内的分裂と自己探求の繋がりはどのように説明されているだろうか。

二　当惑・挫折・世界の和解――ヤスパースの解釈――

ヤスパースのアウグスティヌス解釈および哲学でも、意志の実行不能性は神のもとでの権能の欠如と把握できるが、それは人間自身の力の限界や弱さ（Schwäche）、狼狽して当惑すること（Betroffensein）とされる。ヤスパース曰く、アウグスティヌスほど自己自身の魂の前に立った人はかつておらず、「彼は自分自身に即して人間の弱さを示した」(GP 350, 155) のであり、彼の「私は私自身が問題になった」は自分自身のあらゆる当惑を表している。この当惑は、挫折（Scheitern）を通じて、人間に自己確証（Selbstgewißtheit）をもたらすとされる。

> 無に直面している状態を信仰喪失と名付けるならば、その信仰喪失の中での〈自己であること（Selbstsein）〉の力は隠されているもの（Verborgenheit）を前にして活気づき、内的行為（das innere Handeln）を生じさせる。この力は自由から発し、もしくは自由から失われるものを外的原因に転化することを拒絶する。……この力は自分が挫折する（scheitern）ことを承知しており、……哲学的なものであるところの信仰（Glaube）である。(GSZ 184, 276)

この哲学的な信仰としての〈自己であること〉の力は、アウグスティヌスの自己探求の謂いと把握できるが、引用から、この力の三つの特性を指摘できる。一つは、〈自己であること〉の力は隠されているものによって喚起されること、二つめは、それにより生じる内的行為は依然として「内的」なものに留まり、外的なものへの転化を拒むこと、三つめは、この力は挫折を知っているということである。三つめの特性がとりわけ重要にみえる。なぜならこの挫折は、〈意志してもできない〉弱さとしての内的分裂を意味し、自己探求によって必ずしもその内的分裂が解消されえないことを示唆しているからである。すなわち、ヤスパースの解釈では、自己探求によって〈意志してもできない〉内的分裂が克服されるわけでは必ずしもない。筆者の理解が正しければ、ここまではアーレントとほぼ同じである。

二人が袂を分かつと思われるのは、内的行為と世界ないし（外的）行為の関係性である。これを説明するには彼の権力意志と愛の議論を引く必要がある。まずヤスパースは、人間は無力さや謙虚さを認めることで、現実世界の権力を意志することが可能になるとしている。

> 敵対者に対する尊敬、憎悪なき戦い、世界の中での和解の心構え（Versöhnungsbereitschaft）に相当するものは、なるほど存在のより高い段階へと突き進むことで、いっそうより高みを欲するような高尚な権力意志から生じうる。だが実際には、それはただ自分が無力であるという意識からのみ生じうる。それは現実の権力の輝きの中での自分の無力から、また謙虚さから生じうるのであるが、人はこの謙虚さにおいては自分自身に決して満足することができずに、他のあらゆるものを求める。それは人がそれらなしには自分自身ではありえないからである。（GP 344, 142）

すなわち敵対者への尊敬や世界の和解のための心構えにおける高尚な権力意志は、他の人々やものを乞い求めることで自分自身となってはじめて持ちうる。反対に、人が自分に満足しているさいの「高慢（sperbia）は人間の根本堕落である」とされる（GP 342, 139）。

ところで、このように無力を認めることで他の人やもの、世界の和解を乞い求めるということが端的に示されるのは、意志と愛の関係においてである。なぜなら意志の実行不能性は「愛しながらの意志そのものが、実行能力（Können）である」とされ、愛の現実性（Wirklichkeit）が語られるからである（GP 355, 167）。これにたいし、アーレントがアウグスティヌスの愛の分析を通じて導出した、無能力に基づく自己探求は、この世界からの離反を目指していた。意志と行為の非接続性も、これとの関わりで強調されていると考えられる。なぜなら本稿では詳細を論じえないが、後述する『活動的生』にあるように、彼女は愛のもつ独特の間接性を述べており、それは信徒の相互依存関係や習慣、世界に差し向けられるからである[5]。

アーレントとアウグスティヌスの関心は、意志の行為遂行性のみならず、そうした意志と行為との断絶性や、世界との距離にある。これらはユダヤ難民であった彼女の、「この世界にいながら、この世界に存在しない」態度[6]や「われわれは世界にぴったりはまっていたり、埋め込まれたりしているわけではない」（CR 5, 4）という考えに密接に関わる。

三　「良心の吟味」と「良心の自動性」

ともあれ、これまでの議論をふまえて、ここでは次の問いを立てることが肝要にみえる。ヤスパースが無力を内的行為として捉えるのにたいし、アーレントはなぜ無能力を（内的）行為の途上にあるものとは捉えないのか。結論からいえば、内的であれ外的であれ、行為そのものに欺瞞（Täuschung）を暴く力はないと考えるからである。この考えは、他でもないヤスパースの行為概念を下敷きとしている。アーレントがアウグスティヌスの思想を「哲学的に解釈」したように、ヤスパースは、アウグスティヌスがその神思想や啓示信仰を解明する中で経験した「内的緊張」が、「哲学すること」と同じであるか考察している。この考察が重要であるのは、内的行為における自己探求や当惑の意義を説く一方で、行為に孕まれる欺瞞や自己欺瞞をも指摘しているからである。自己欺瞞とは、自分の内にあるもののねじ曲げ（Verkehren）や隠蔽を意味する。それゆえ、良心をたえず吟味し、自分のうちに内的抵抗があるか査べることで、そうしたねじ曲げや隠蔽や自己欺瞞を発見することができるとヤスパースは述べる。次の引用は、必読である。

> アウグスティヌスは、たえず良心を吟味すること（Gewissensprüfung）によって、意識的に意志されたものに抵抗するような素質や感情や傾向が自分にあることを認めている。こうすることで彼は、たとえば、直ちに行われるべきことを引きのばしたことを正当化するための記しを求めて神を要請する中で、あるいは知識欲だと自称する好奇心の快楽の中に、自己欺瞞をみてとるのである。（GP 348, 151-152）

引用の Gewissensprüfung は良心を主語にして「良心が吟味すること」とも訳せるが、筆者はこの訳は採らない。その場合は「良心が内的抵抗を発見する」と言えばこと足りるからである。またそのさいの良心は、内的対話に基づく思考（Denken）に拠るからである。しかし「内的緊張」や苦悩を抱くアウグスティヌスに即してヤスパースがここで述べているのは、自分と向き合うほどに湧いてくる、良心なるものへの不信と疑念にみえる。とりわけ彼が問題としているのは、「するべきことをしないこと」のみならず、それを「正当化する」こと、さらには、その根拠を神に請うことである。それゆえ、「するべきことをしないことの正当化を神に求めるのは自己欺瞞である」という、この叙述のインパクトをわれわれはよく理解する必要がある。なぜなら、するべきことをしないことの正当化、つまりは自己欺瞞の理由は、神ではなくわれわれ人間の内に求められるべきであり、良心の基準は、神を要請する論理とは別のところにあることが指示されるからである。それはすなわち「内的抵抗において認められる素質や感情や傾向」とされる。この射程にはプラトンの驚き、カントの傾向性や心根、ハイデガーの根本気分としての驚愕、森一郎の戦慄[7]といった概念が入るが、それらの比較検討は別稿に譲るとし、ここでは良心をめぐってヤスパースとアーレントが（とくに政治において）ともに問題視した自己欺瞞に焦点を絞ることで、二人の異なりを見定めたい。

実際アウグスティヌスは『告白』や『嘘について』で自己欺瞞を論じており、ヤスパースはこの自己欺瞞を、高慢からくる自己満足であると換言している。曰く、自己欺瞞は自分が善人であるという高慢からくるのであり、そこでの行為は自己満足にすぎない。しかしこうした行為の自己欺瞞における自己満足は、有限な存在者であればだれにでも起こりうるのであり、パウロとアウグスティヌスは、善人が本当に善人でありうることが不可能だということをよく理解している。なぜなら、善い行為をするためには、私は善をみて、私の行為を「善し」と認めねばならないが、この善いという意識をもつことによって、すでに高慢の端緒を遂行していることになる（GP 352, 159-160）からである、と。こうした高慢、自己欺瞞、善行は、アーレントのアウグスティヌス論、さらには『活動的生』でも論じられている。

しかしながら、ある行為を「善い」、「欺瞞だ」と言うことが、（内的）行為の内側で、端的にいえば、行為の論理の内側ではたして可能なのか。こう問い質してアーレントは、行為の予測不可能性や不可逆性にたいしては許しや約束の力を行為の内部に据える一方で、自己欺瞞を糾弾できる視点を行為の外に見出す。なぜなら、自己欺瞞において良心を吟味して意識される内的抵抗は、行為の内にある善行からは引き出しえず、悪の観点から引き出されるからである。この悪も、ヤスパースの悪概念に関わる。ヤスパースは、過失の犯罪行為（Verbrechen）による悪と意図的な偽善による許されざる悪（Böse）とを明確に区別する。区別のポイントは意図である。(8) その行為が意図的なものであるか、そこに偽善や欺瞞や歪曲があるかという問題は、〈意志してもできない〉意志の実行不能性からくる内的抵抗、つまりは無能力の自覚の有無が基準となる。「真剣に受けとめるべき」は、この点である。それゆえ行為の自己欺瞞において内的抵抗がないこと、もしくは、あってもその内的抵抗を人間が無視することは、良心の吟味や検査とは逆に、「良心が自動的に機能する」ことであるとアーレントは捉える。この「良心の自動性」は、アイヒマンの「私は（上官の命令と）カントの定言命法に従っただけだ」という供述、思考における無矛盾や首尾一貫性を意味する。

良心をめぐってアーレントがヤスパースに問うであろう点は、ヤスパースにおける内的行為と（外的）行為の関係性、(9) さらには思考と意志の違いである。それというのも彼女は、思考とは異なる、意志の分裂からくる無能力を語るさいにhandelnという語は用いないからである。では、良心を吟味するための無能力は、具体的にはどの場面ではたらくのか。

四　政治にたいする抵抗としての無能力

「独裁体制のもとでの個人の責任」の中でアーレントは、「無能力は、完全なる無力の謂い」と述べたうえで、政治的責任において必要なのは政治的な権力ではあるが、政治的な責任を負うことができない状況では、無能力が正当（valid）な根拠になりうるとしている。曰く、世界にたいする責任や政治的な責任を負うことができなくなる極端な状況があるということをわれわれは認める必要がある。なぜなら無能力の正当性は、ある種の道徳的な特質を必要とするからである。この道徳的特質とは、自分の無能力をみずから認めることで、どんな絶望的な状況においても、個人の力（strength）と力（power）をわずかながらでも残すことができるという特質である（RJ 45, 56）。この状況における政治的権力をもたない無力ないし無能力の人々と、政治的責任を負う人々は、道徳的特質においてはっきり対峙している。そしてこの文脈での政治的責任、つまりは独裁体制という公的なものは、無能力な人々から拒まれているのである。ヴェッテは、ナチスの命令に服従せず、ユダヤ人を救済した将校や軍曹は、無力の中にも可能なものがあることを知っていたのであり、自分の無力を認識する中で最大限の努力を払うことで忘却されざる善の力があるとしている（Wette 2003, 85 et. al.）。

アーレントは、内的分裂からくる無能力は、自分の周囲で起きている習慣や事柄と折り合い（come to terms with the world）、迎合するのではなく、それらから「手を洗い」、離れることができる力であるとしている。たとえばナチス体制に協力せず、公的な生活に関与することを拒んだ人々がいる。彼らは他の人といかなる点で違っていたのか。少々長いが引用する。

（公的な生活（public life）に）加担しなかった人々はあえて自分で判断した唯一の人々であった。そうすることができたのは、より良い価値体系を確立していたからでも、善悪の基準が心と良心のうちにまだ断固として根ざしていたからでもない。……最初に屈したのは「尊敬すべき（respectable）」社会の人々であり、……これらの人々は、ある価値の体系を別の価値の体系に置き換えたに過ぎない。それゆえ公的な生活に加担しなかった人々は、良心が自動的な仕方で機能しなかった人々だと言える。この自動的な仕方においては、特殊な事態が生じたら、学習によって得た、または生得的な一連の規則をわれわれがあたかも備えているかのように、その規則を適用すればよい。その場合には、あらゆる新しい経験や状況はすでに前もって判断（prejudge）されているのであり、あらかじめ習得しているか所持しているものはみな行為に移す（act out）だけで済む。……しかし良心が自動的に機能しない人々は別の尺度（criterion）に従っていた。これらの人々は特定の行動にコミットした後でも、自分はどこまで自分とともに生きてゆけるだろうかと問うのである。（RJ 44, 54）

この引用で判断という語に目がいく読者は多いであろうが、注目すべきは、公的な生活に加担しなかった人々とは「良心が自動的に機能しなかった」人々だという点である。反対に、良心が自動的に機能する人々とはナチス体制を支持し、それに協力（cooperate）した人間であり、ナチス国家という公的空間に仕え、「尊敬すべき社会の人々」である（が、尊敬には値しない）。この意での公的生活は、『活動的生』においてまさに愛との対比で語られている。

アーレントは愛をつねに必ずしも他者との交わり（Kommunikation）や連帯性との接続性において捉えない。なぜなら愛は、世界にたいして積極的能動的にはたらき、対峙する力をもつからである。『活動的生』において愛は「反政治的である」と宣べるのは、この意である。

> 愛はその本質からすれば、たんに無世界的であるどころかむしろ世界破壊的ですらあり、したがって、たんに非政治的であるどころかむしろ反政治的（antipolitisch）ですらある。おそらく愛は、あらゆる反政治的な力のうちで最強であろう。（VA 309-310, 319）

この箇所で言われている政治が、新たに構築される公的空間の意でないことは明らかである。愛のこの能動性は、じつはすでに彼女のアウグスティヌス論で「この世界への抵抗」として、こう論じられている。「新しい共同体や神の共同体は、現世への抵抗（Abwehr）によって基礎付けられる。世界離反（Weltentfremdung）それ自体から、旧来の社会と並存しながらもそれに対する新しい共同性や相互扶助が生まれてくるのである。」（LBA 86, 159）。アーレントは、「ハイデガー（のアウグスティヌス論）では〈世界への愛（amor mundi）〉が語られるが、この世界を批判する視点がない」と断じ、この世界や公的生を批判する視点を公的なものの外で、愛に語らせる。こうした愛の反政治性は、真実の反政治的性格に重なる。なぜなら彼女は、政治と真実を鋭く峻別したうえで、「政治の外」に立つことを強調し、「権力の本質とは欺瞞であり、真実の本質とは無能力」（BPF 227-228, 307-308）」ないし「無力である」（BPF 259, 353）と述べるからである。(10)

この愛の反政治性とわれわれの無能力と無力の議論をふまえるならば、ヤスパースとアーレントにおける内的分裂と世界との関係は、さしあたり次のように把握可能にみえる。すなわちヤスパースでは、内的な無力や弱さを自覚することで、世界の融和へつながる高尚な権力意志をもつことが可能になる。たいしてアーレントでは、内的な無能力と徹底的に向き合うことで、現存の世界で高尚とされている（公）権力と対峙するのであり、それなくして、いかなる内的な力も世界のために外化しえない。意志と行為の断絶の意義とは、これである。

政治的行為および自己の欺瞞に気付かないか、気付いても見て見ぬふりをする。そこに良心の吟味はない。しかしながら、思考には見て見ぬふりを可能にし、あたかも良心があるかのように振る舞わせる側面があるとして、アーレントは思考のはたらきの有意性を説く一方で、「思考の偽善性」を指摘する。(11) この「思考の偽善性」は「良心の自動性」と親密であり、意志が行為遂行不可能性をともなって要請されたのは、思考と良心の危うい親密性に抗うためと考えられる。アイヒマンに必要なのは良心の吟味であり、意志しても実行しえない無能力を自ら認める力である。この無能力は、アイヒマンの思考欠如とはいかなる事態かを説明するうえで不可欠な概念であり、実存的かつ道徳的抵抗として理解可能である。

おわりに——無能力というスカンダロン（躓きの石）——

「政治における嘘」においてアーレントは、たんなる全能（omnipotence）のイメージの追求による権力の傲慢（arrogance）と、現実を計算できることによる、まったく根拠のない自信という心の傲慢、これらの致命的な結びつきを批判している（CR 39, 37）。無能力の自覚は、そうした傲慢や自己満足に対置されている。無能力の概念は、ベンヤミンの断絶やフッサールのエポケー、ハイデガーの実存の非力さ（Nichtigkeit）を想起させるが、この世界と悪への能動的抵抗において、それらとは一線を画くと思われる。理由は、アーレントのアウグスティヌス解釈に「必ずしもキリスト教な意味に限定されない」という但し書きが多いことであるが、これとの関わりで思い出されるのは、彼女のテクストでたびたび登場する「スカンダロン（skandalon）（躓きの石 Stolperstein）」という語である。これはヘブライ語で取り返しのつかない罪悪を意味すると同時に、人間が己の行為について立ち止まって考えるために必要な蹉跌（mikhshol מִכְשׁוֹל）をも示唆している。アーレントがテクストで「躓く」という語を、罪悪に加担して「本当に躓く」ことと慎重に区別して叙述しているのは、このためであろう。またそのさい、「スカンダロンは人間の力では取り除くことができない」と述べるのは、ヤスパースがいうように「人間と悪とは共根源」であり、われわれはどの時代、どの社会でも悪とともに生きねばならないからである。

本稿により無能力が、良心のはたらきにとってキー概念であることは確認された。次なる課題は「良心の吟味」をなしえた人々の「自分とともに生きてゆけるか問う」ということの含意である。これについては、ソクラテスの思考のように自己と語り合うこと[12]、アウグスティヌスの意志において内的分裂と向き合うこと、カントのように判断すること、これら三つの連関が問われるが、これに答えるには意志および愛概念のさらなる分析を要する。

注

＊本研究の遂行にさいしては上廣倫理財団の研究助成を受け、オルデンブルク大学 Hannah Arendt-Zentrum 責任者でアウグスティヌス研究で知られるヨハン・クロイツァー教授、ヤスパース研究部門のラインハルト・シュルツ、マティアス・ボームト両教授から助言を賜った。ここに記して感謝申し上げる。

引用文献　アーレントとヤスパースの著書は以下のとおり略記し、原書の頁の後に訳書の頁を記すが、訳は適宜改変してある。

LBA *Der Liebesbegriff bei Augustin: Versuch einer philosophischen Interpretation*, J. Springer, 1929.（千葉眞訳『アウグスティヌスの愛の概念』みすず書房、二〇〇二年）

VA *Vita activa: oder Vom tätigen Leben*, Piper, 1960, Taschenbuchsonderausgabe, 2002.（森一郎訳『活動的生』みすず書房、二〇一五年）

AJB *Hannah Arendt/Karl Jaspers Briefwechsel 1926-1969*, L. Köhler/H. Saner（hg.）, Piper,1985.（大島かおり訳『アーレント＝ヤスパース往復書簡 1926-1969』第二巻、L・ケーラー／H・ザーナー編、みすず書房、二〇〇四年）

RJ *Responsibility and Judgment*, Schocken Books, 2003.（中山元訳「独裁体制のもとでの個人の責任」「道徳哲学のいくつかの問題」、『責任と判断』筑摩書房、二〇〇七年、二五―一八一頁）

BPF *Between Past and Future: Eight Exercises in Political Thought*, The Vinking Press, 1968.（引田隆也訳「真理と政治」、『過去と未来の間』みすず書房、一九九四年、三〇七―三六〇頁）

CR *Crises of the Republic*, Harcourt Brace Jovanovich, 1972.（山田正行訳「政治における嘘」、『暴力について』みすず書房、二〇〇〇年、一―四五頁）

GP *Die großen Philosophen*, Piper, 1981.（林田新二訳「アウグスティヌス」、『イエスとアウグスティヌス』ヤスパース選集12、理想社、一九六五年、七三―二四四頁）

GSZ *Die geistige Situation der Zeit*, Walter de Gruyter, 1998.（飯島宗亨訳『現代の精神的状況』ヤスパース選集28、理想社、一九七一年）

参考文献

Augustinus, Aurelius, *Confessiones :Lateinisch/Deutsch*, K. Flasch/B.Mojsisch（übers. auf Deutsch）, Reclam, 2016.（山田晶訳「告白」『世界の名著 14』中央公論社、一九六八年）

——, De magistro: *Lateinisch/Deutsch*, B.Mojsisch（übers. auf Deutsch）, Reclam, 2010.

Wette, Wolfram, *Retter in Uniform: Handlungsspielraume im Vernichtungskrieg der Wehmacht*,Fischer, 2003.

Grunenberg, Antonia, *Arendt*, Herder Freiburg, 2003.

Tömmel, Tatjana N, *Wille und Passion: Der Liebesbegriff bei Heidegger und Arendt*, Suhrkamp, 2013.

（1） 内的分裂および意志と行為の非連続性を論じたものに、阿部里加「アーレントの意志論における内的能力としての決意」、『一橋社会科学』第四号、二〇一二年、一―一三頁。

（2） 横地はアーレントが意志論で「意志の二つの機能」とした、行為に駆り立てる力と、欲望と理性とを調停する力に基づいて、アイヒマンの思考欠如は思考・意志・判断が欠如した状態であると論じるが、彼女のいう意志は必ずしも行為を駆り立てない。横地徳広「アイヒマン論、再考――アレント政治思想の一部として」、『戦争することに意味はあるのか――倫理学的横断の試み』持田睦／横地徳広編、弘前大学出版会、二〇一七年、二三三―二五八頁。

（3） ヤスパースのアウグスティヌス論は、アーレントが博士論文として一九二九年に提出した解釈から約三十年後にアメリカで出版されている。彼の解釈について、アーレントは細かな点で同意できないところがあるとし、「あなたはここでもやはりカントから出発し、カントがいつもあなたの念頭にある」と往復書簡で不満を述べている（AJB 354, 103）。

（4） アーレントのハイデガー受容に多く言及しているグルーネンブルクによれば、彼女がアウグスティヌスの愛の概念に着目する目的は、彼の思想の矛盾を解明することにあり、教会の独善的支配によって放棄され、伝統的キリスト教の後景にやられたギリシア思想および古代哲学の意義を際立たせることに彼が注力している点にある（Grunenburg 2003: 29）。

（5） テンメルはアーレントとハイデガーの愛解釈の繋がりを考察しているが、愛（amor）の承認のはたらきとアウグスティヌスの「あなたにいてほしい（volo ut sis）」という語を軸にこの愛の連帯性、友情、複数性を論じ、もっぱら〈世界への愛〉を強調する。それゆえこの愛の形成過程の説明が抜け落ち、appetitus や dilectio といった他の愛概念から導出される、愛の間接性や、現世の外に立つこと、世界離反の意義は論じられない（Tömmel 2013: 308-364）。

（6） フランクはこれを彼女の世界への基本的態度と捉える。Frank. M., *Hannah Arendts Begriffe der Weltentfremdung und Weltlosigkeit in Vita activa im Lichte ihrer Dissertation Der Liebesbegriff bei Augustine*, in: *The Angel of History is looking back; Hannah Arendts Werk unter politischem, ästhetischem und historischem Aspekt.* M.Frank/B.Neumann/H.Mahrdt（hg.）, Königshausen & Neumann, 2001, S. 139.

（7） 森はソクラテス的内的対話、つまりは思考の意義を論じる一方で、ハイデガーの「新しい始まり」にふさわしい気分としての驚愕をふまえて戦慄を強調する（「戦慄しつつ思考すること――ハイデッガーと「絶滅収容所」」、『創文』第四五二号、二〇〇三年）。アーレントの思考と意志の峻別に照らして気になるのは、良心をめぐる思考と戦慄と行為の関係性である。なぜなら彼女はそれらを地続きと捉えないからである。森一郎「アーレント――良心をめぐって」、『続・ハイデガー読本』法政大学出版局、二〇一六年、一八七―一九四頁。

（8）デリダは一九九七年の『嘘の歴史』（西山雄二訳、未来社、二〇一七年）においてアウグスティヌスの行為遂行性（実行可能性）に言及し、証言することは真実をつくり出す真実化（vérification）の行為であると述べる。そして、ひとは大した意図もなく嘘をつくのだから、意図的な欺瞞と嘘が絡み合う現代の新たなメディアでは嘘という概念は限界に達するとし、アーレントの自己欺瞞の指摘に疑義を唱える（八三―八四頁）。これにたいして彼女はアウグスティヌスの行為遂行不可能性を論拠に、嘘をつく行為と真実を語ることを峻別する。この峻別は「政治における嘘」でも守られ、「秘密や意図的な欺瞞がつねに大事な役割をはたす政治の領域では自己欺瞞はひときわ危険である」（CR 36, 34）と論じられる。

（9）ヤスパースの内的行為と外的行為（実践）との繋がりについては中山の論文を参照されたい。中山剛史「ヤスパースにおける「唯一無比の実践」としての哲学的思索――「内的行為」と「生の実践」」、『論叢』第五六号、玉川大学出版部、二〇一五年、三七―六九頁。

（10）アーレントによると、「真実は、既存の権力と真正面からぶつかると無力であり、つねに挫かれるのだが、にもかかわらず真実はそれ自身の力をもっている」（BPF 259, 353）。

（11）この「思考の偽善性」は、アーレントの政治的行為や「政治的＝再現前的思考」という語の否定的含意をふまえて次の論文で指摘されている。阿部里加「この世界を批判する主体はいかにして成り立つか――アーレントの観察の条件」、『危機に対峙する思考』平子友長／橋本直人／佐山圭司／鈴木宗徳／景井充編、梓出版、二〇一六年、四〇八―四二八頁。

（12）金は、カントの定言命法は行為の内容を捨象した論理的一貫性を問う形式にすぎないため、格率は公開性という普遍化テストに晒すことでしか「道徳的な良さ」は得られない。この点でアーレントが語るソクラテス的思考は、道徳的副産物として行為の基準を生み出し、社会への抵抗になりうると述べる。但し、この行為の基準は思考のみによって打ち立てられないと思われる。金慧『カントの政治哲学』勁草書房、二〇一七年、三四―一八四頁。

マリオンの現象学における〈啓示の現象〉を巡って

――〈信〉の由来の現象学的解明へ向けて――

石田寛子

序

神はどのようにして、現象学の圏域へと貫入しうるのか。この根本問題はフッサールのもとで現象学の思惟が始動してから今日にいたるまで様々に論議される過程を経るなかで、とりわけフランス現象学のなかで際立った形で問題化されるにいたった[1]。この主題をめぐる困難さとその究明方途は様々に導出可能であるが[2]、〈フランス現象学の神学的転回〉のうちに位置付けられるJ‐L・マリオン（Jean-Luc Marion, 1946-）の思索に即しても、〈神〉と現象学的思惟とがどのように繋ぎ留められうるのかをめぐる問題構制は単純なものではない。論者は以前マリオンの初期・前期の思索に即して、「距離（distance）」を介して到来する〈神〉の現象性を〈神〉の語りの由来の現象学的究明によって検討したが[3]、マリオンの中期以降の著作においては〈神〉をめぐる問題構制がどのように開かれているのであろうか。

本論考はマリオン中期以降の思索に即して、「啓示の現象（le phénomène de *révélation*）」と呼ばれる事象の現象学における位置づけを解明しつつ、〈神〉が現象学の領野に介入しうる問題構制を〈信〉の由来の現象学的解明へ向けて究明してゆく。まず、マリオンが批判的に依拠するハイデガーにおける現象学と神学との連関を検討し、その批判内実を詳らかにする（一）。次いで前期著作（ここでは『還元と贈与』までとする）までは不明瞭であった現象学と神（学）との連関を詳らかにするべく、中期以後現象学の原理とされる「贈与（donation）」の内実を明らかにし、その動性に即して規定される「与えられるもの（l'adonné）」としての人間の現象学的解釈に基づく「内在（l'immanence）」の事態を解明する（二）。その際、「可能性」としての啓示と「現実性」としての啓示との差異化を孕む解釈によって、現象学と神（学）との連関が問われねばならない（三）。その後、現象学が啓示の「可能性」をこととする事態の内実を、先行研究の批判的究明を通して明らかにする（四）。現象学と神（学）との連関を考察するべく、「贈与」の現象学における〈神〉の布置を指示するものとして、以下に引用するマリオンの言明を解釈しうる視座を見出すことを本論の最終的な収斂点としたい――「もし宗教が現象学の領野のものとなりうるのであるならば、現象学的方法によって、宗教なしでも、秘められあるいは単に忘れられたものとしてであれ、宗教的圏域に留まるであろう諸々の現象を開示することで、そのことを立証しなければならない。」(VR13)

一　マリオン現象学の前景――ハイデガーのもとでの現象学と神学との峻別

マリオンにおける〈神への問い〉の問題構制を究明するうえで、ハイデガーによって呈示された現象学と神〈学〉との関係性を批判的に言及する箇所が、この問題の所在究明における前景的問題圏域を示唆しうる。マリオンは『存在なき神』において、ハイデガーの『存在と時間』執筆と同時期の講演「現象学と神学」[4]に特に依拠して論を進めている。この講演にてハイデガーは、現象学と神学とは絶対的な形で峻別されて把握されるべきことを明示する。[5]この決定は、『存在と時間』ですでに呈示されている、「現存在（Dasein）」の分析論を始動点とし存在への問いを究めてゆく「存在論的学」たる現象学と、他の「存在者的学」の一つとされる神学との隔たりを明示する論点に基づくとマリオンは差し当たり解釈する（DE100）。さらに、西洋形而上学の歴史が「存在‐神‐論（Onto-theo-logie）」として暴き出されることで、そこで問われる「神」の概念が、近代の終極的状況において「至高の価値（道徳神）」へ貶められ、西洋において伝統化した神の概念が「哲学的思考に入り来たった神」にすぎないことが見出される。[6]そのうえで、学の対象に即した規定区分が導出される――現象学＝「存在」を主題とする存在論的学／哲学的神学（神性学 théiologie）＝「存在‐神‐論」である限りで「神」を主題とする存在者的学／神学＝「キリスト教性（Christlichkeit）」を主題とする「啓示の神的な言葉の解釈」である存在者的学（DE91ss.）。

　ハイデガーのこの規定に即すると、一方で哲学は「神」という主題と決定的に切り離されることでむしろ神に対して誠実であり続け、他方で神学は「存在」といかなる連関ももたない限りで、「定立サレテイルモノ／事実〈Positum〉」である「キリストの出来事」への純粋な「信仰の学」を展開しうる。[7]マリオンは両者の学の間に下される決定が、最初期から晩年にいたるまで不変であることを示し、この事態の根底に潜む、諸学問に対する哲学、さらには〈存在 *Seyn*〉の思惟の全面的な存在論的優位性を指摘する（DE104）。神学の〈存在者的〉独立性が保証されるのは、あくまでそれが現存在の一箇の変形態（実存の可能性）を呈示する限りにおいてである。「人間においては、信仰が人間に導入する存在者的な変形よりも現存在という不変のもののほうが、より本質的なものとして現れる。人間が場合によっては信仰者になることができるのは、まず現存在として実存している限りにおいてのみである。」(DE102–103) この限りで、神学の可能性は「存在への問い」に従属せられて初めて発現しえ、それぞれの学における「概念」の正当性を保証するうえで本質的な隔たりが保たれつつ、実証的学たる神学の概念は現象学によって存在論的・形式告知的に修正されることとなる。[8] くわえてマリオンは、中後期ハイデガーのもとで非‐形而上学的なる神の可能性を「神的なる神（der göttliche Gott）」として究明する方途が開かれていることを認めつつも、この道も「〈存在 Seyn〉の思惟」の命運のもとに担われていることを指摘する（DE105）。

以上のハイデガーの問題構制に関してマリオンが問題視する点は様々に分節化可能だが、ここでは次の二点に集約しておきたい。（α）ハイデガーが現象学と神学とを峻別することで、神学は現象学から指示を送り返されるべき存在者的学となる限りで「存在への問い」の領域内に置かれる。同時に、今や神学は「神」を主題とする学とはみなされなくなる。（β）中後期以降にハイデガーが「神的なる神」を救い出そうとする道程も、「〈存在〉の思惟」に即した限りのものとみなされる。[9] マリオンは以上の事態に対して後年、「ヒューマニズム書簡」で示唆される神の思索可能性をめぐる問題連関を批判しつつ次のように述べる。「〈神〉という言葉が思惟され述べられうることが、まずそして固有の意味において神に因らないのであるならば、神はそれ自らによって述べられえずまた思惟されえない、すなわち啓示されえないということが帰結せねばならない。」(VR26、強調は執筆者による)

しかるに、以上で概略的に示された〈神〉をめぐるマリオンのハイデガー解釈を根本において牽引するのはまず、現象そのものの現出から出発し記述する可能性へ向けられた〈現象学の思惟そのもの〉への問いである。しかしながら、マリオンの議論ではハイデガー中後期の問題圏域に関する詳細な言及箇所がほとんど見出されないばかりか、ハイデガーが問題化した「存在への問い」そのものを、厳密な意味においてマリオンが把握しえているかという根本問題が指摘される。[10] この現状を踏まえて、ハイデガーの問題構制に対するマリオンの批判が開く問題圏域に関しては本論の締結部にて再度検討することとし、マリオンのハイデガー解釈からその現象学と神との問題構制を問い進めるのではなく、別の視座から考察する道をとりたい。

二　マリオンにおける〈贈与〉の現象学

ここではマリオンの立場を現象学的に明確にするため、マリオンの現象学における原理である「贈与」と「与えられるもの」として現出する人間の現象学的解釈を詳らかにしたい。

マリオンは『還元と贈与』において、フッサールの許で確保された事象そのものの直接的な与えの構造に関して、それを根本において可能ならしめる「現出することと現出者そのものとの相関関係（存在者それ自身の持つ「自己贈与の様態（die Weisen der Selbstgegebenheit）」）」[11] 自体に着目する。すなわち、フッサールが後に『危機書』において自らの思索の原点として自己解釈し、マリオンが「現象学における突破口」(RD52) と評価する地点はすでに、『論理学研究』期に看取されたこの相関関係に存している。「現出することはもはや意識主体にのみ与えられたものとしてではなく、第一に現出するものの贈与として価値を有する。現出すること（apparaître）は、「現象学的」という全き呼び名にふさわしい相関関係によって現出者（apparissant）を与える。」(ibid.) だがマリオンは、現象そのものの奪取へ向けてフッサール現象学の直面する障壁とみなされる諸問題（――直観概念の拡大と意義作用の自立性との矛盾を孕む関係性、志向性に即した現象の与えの構造の二義性（意味付与／自体贈与）、等――）を解決しうる方策として、現出する事象それ自身の与えの動性を「贈与」として呈示すべく、この相関関係をさらに還元する。[12]

マリオンは、「〔単なる〕現れ（l'apparance）を確実に認識するために基礎付ける」(ED13) 形而上学がこととする「証示すること（démontrer）」に対して、現象学的体制においては「現出（l'apparition）をしてその現れ（apparence）においてその現出すること（apparaître）に即して、自らを示させること（*se* montrer）」(ED14)が問題であるとする。すなわち「デカルトあるいはカントの方法に反して、現象学的方法は、諸現象を構成するときでさえ、それらが自らを顕現させるがままにすることに限られる」(ED16)。フッサールにおいては、「現象の存在の様相は、意識の現前へのそれらの構成における現れに依存」する限りで、現象の現象性が「意識の生きられた経験であり、現前における現れへと還元される」という点、更には「現象の根源的な地平としての対象性」[13]にマリオンの批判が向けられる。すなわち、「諸現象の贈与は、それらの贈与を受け取る準拠点を前提している」（VR23）。したがってマリオンの見解では、還元は現象構成の志向的枠組みを離れ、対象性を「贈与の諸々の様相の一つ」(ED50）にすぎないものとして規定しつつ、「顕現（manifestation）をして自らを顕現させるがままにする」ような「転回」と共に完遂されるのである。還元自体がこの動きに巻き込まれねばならない限りで、むしろ現象学的方法は「反‐方法」である（ED17）。しかるに、『還元と贈与』の時点では十全に練り上げられていなかった「贈与」の動性は、『与えられて』において次のように述べられるにいたる。

> 現出することと現出者との相関関係、すなわち現象の定義そのものは、全く完全に贈与に基づいている。ただ贈与のみが現出の諸々のあり方に、それらが現出者の現れという役目を引き受けるため、すなわちそれらが現出しつつある対象を与えるために十分である現象学的尊厳を授けうる。（ED34）

したがってわれわれはこれから後、一つの主題しかもたない。すなわち、もし現象が、構成される（フッサール）のではなく、自己において自己から自らを示すもの（ce qui *se montre* en et de soi）として定義さ

れる（ハイデガー）のであれば、この自己は、現象が自己を与える限りにおいてしか自らを確証しえないのである。（ED9）

このように取り出された「自己を与える」現象の「贈与」こそが、現象の現象性の根幹をなす。別言すると「贈与」とは、かの相関関係そのものが、まさにそれを通してフッサールが見出した志向性に由来する地平構造を「反‐方法」的に還元することで露呈された、現象の現出構制それ自体である。すなわち、「〔フッサール的な〕意識という自我への導き返しと事物自身への帰還という二つの操作は、矛盾し合うどころか、贈与への還元という唯一の指令の二つの傾斜を指示している」（ED26）。現象の「現れの場」そのもの（＝現象の現出が可能となる根本的な媒体構造）の還元を通して、むしろ「現れの場」それ自体の生起・生成として「贈与」の動性は理解されねばならない。それは「現象の地平そのものをそもそも開く原出来事」であり、「志向性をそもそも与える原出来事であって、それ自身は志向的に現れることはない」[14]。その際、〈自己〉として成るのは――超越論的主観性や現存在ではなく――この「贈与」の動性のただなかで、根源的な生の出来事として生起する「与えられるもの」である（ED197ss.）。マリオンは、現象生成におけるこの「贈与」の根源性こそが〈自己〉成立を可能ならしめる事態を、「内在」と呼び習わす。この術語が指示するのは、現象構制の〈いかに〉が還元を通して見出された事態であるが、形而上学的、あるいはフッサール的にも理解されてはならない。フッサールのもとで「実的内在」と「志向的内在」とに区別されていた二つの内在（ED39）は「転回的」に還元される。さらに、「内在のうちの超越」そのものが「贈与」によって生起せられる現象性の原‐事態として、「内在」は理解されるにいたる。すなわち、「より普遍化するならば、贈与は他動詞的に与え（le don）へと変容するのではなく、贈与は〔贈与のままに」留まる。それは与えをしつらえるべく贈与の襞（pli）に、そしてその与えを繰り広げる（déplier）べく顕現に、属している。贈与は、優れて内在の審級（l'instance per excellence de l'immanence）として自らを明らかにする。」(ED167)。「贈与」そのものはいわば動的な働きであり、「内在」とは現象成立がどのようにして可能であるのかその究極の審級として名指される地点である。そのものとしては名指しえない「贈与」は現象の現出する動きのなかでこそ自らを指示し、「内在的な贈り物における本質内在的（intrinseque）な贈与」(ED164)という現象性への還元を通して、そこから〈自己〉が出来する。「本質内在的な贈与」とは、「贈与者・受贈者・贈与物」が還元され（ED122）、翻ってそれぞれをもたらす現象の〈贈与性〉そのものにほかならないのである。以上のマリオンの現象の現象性解釈に対しては様々な批判が見受けられ、とりわけフッサールのもとで理解される現象の贈与性格の誤解・誤訳として非難される。[15] しかしながらDoddやGshwandinerが正しく見て取るように、マリオンの根本的な関心事は「現象学的哲学において、現象の現象性を再び中心的な課題にすること」であり、「贈与／所与性（*Gegebenheit*）は常に、与えるプロセスそのものと与えることの〔現象〕性格とを共に名指している」[16]。この限りで、「贈与」として現象の現象性を見て取ることとは、フッサールの看取した現象の贈与性を閉ざすどころかその可能性の解放にほかならない。さて、それ以上遡原しえないこの現象構制への還元を通して、マリオンにおける現象学と神（学）との連関の解明が可能となるであろう。

三「可能性」としての啓示と「現実性」としての啓示

以上示された現象構制に即してマリオンは次のように明言する。「啓示の現象は当然に、われわれが初めからそして間断なく探求してきた現象の唯一の様貌、すなわち与えられたもの（le donné）のなかに刻み込まれている。」（ED328）「啓示の現象」はどのようにして現象性のただなかに介入しうるのか。まず、現象学における「啓示の現象」の位置づけに関して次のように述べられる。「われわれは、ここ——即ち、現実性（l'effectibilité）ではなく可能性（la possibilité）が規範である現象学——においては、啓示という現象を、その純粋な可能性と贈与の還元された内在のうちで記述するに留まる。ここでは、その現実的な顕現、その存在者的な身分に関して、それらは啓示神学に固有の事柄に留まることから、予断を下してはならない。」(ED328-329) ここで呈示される現象学における「可能性」とは、先述のように現象の現れるための〈形而上学的〉思索における諸制約の還元によって見出される、「現実性を超えるのみならず、〔現象の現出の〕可能性の諸制約そのものをも超える可能性」(ED304) とされる。ただしこの「可能性」は、現象学の課題が「贈与の還元された内在のうちで記述する」ことと言及されることから、まず「贈与」の動性にのみ基礎付けられうると言える。しかるにこの「可能性」は、先に規定された「内在」との連関から究明可能となる。

> 自らを与えるものは、内在の領野において自らを与え（というのもそれは匿名のものに留まるのであるから）、自らを示すものは内在の領野において（応答のもとに）現れる。この根源的な内在はここでは、与えられたものを現示へと引き起こす（すなわち、現象へともたらす）以前を示す。……〔ところで〕実際どのようにして、〔フッサールの意味での〕《意識》の）内在の手前で、また、与えられたものがそれによって匿名の与えを自己を示すもの〔現象〕へと転じさせるスクリーンやプリズムの手前で、前‐現象性は現れうるのか。（ED419）

ここで再度明確に示されるように「内在」は、現象の現出の場たる〈自己〉の成立以前の次元でありつつ、現象現出の手前、認識や〈自己〉成立以前に、現象の地平を開くべく前‐現象性を与える現象構制である。したがって、「啓示の現象」を「純粋な可能性と贈与の還元された内在のうちで記述する」とは、この先‐〈自己〉的次元たる「内在」の領野のうちでの「啓示の現象」の可能根拠の究明にほかならない。

ところでマリオンは、現象学と同様に啓示神学も内在の学であると明言する。「〔大文字の〕啓示（Révélation）や神‐学（la *théo*-logie）において、神は明らかに、意識への根源的な内在によって自らを特徴づけ、したがってこの意味で、還元によって強化されるであろう。」（ED336）すなわち、啓示神学に固有の出来事としての神の顕現は、形而上学的神学のように主‐客（主語‐述定）構造を基盤とする超越の論理に基づいているのではない。一方で、形而上学的神学は超越論的図式（主観性、地平等）に基づくことで、〈神〉を現象そのものの現出から捉える事ができないとされる（Cf. DS33）。他方、啓示神学の主題化する〈神の顕現〉という現象に関しては、「贈与」を原理とすることによってこそ、現象学が「現象性としての現象性という或る可能な相貌」（ED326）のもとに近づきうる「可能性」を開示しうるものとして理解される。マリオンはこの道程を、「飽和された現象（phénomène saturé）」として現象の現象性格を錬成することでたどっている（ED280ss.）。「自己において自己から自らを示すもの」（ED9）としての現象は超越論的自我や地平という諸制約を超え出て飽和させ、この限りで経験の可能性の条件に反する「反‐経験（contre-expérience）」として経験され、現象化しうる。啓示の「可能性」は、現象の現象性の「贈与」への還元に即して、「新約聖書によって（また旧約聖書の神の顕れの範例にしたがって）記述されたイエス＝キリストの顕現」（ED329）が「飽和された現象」としても〈際立った範例〉として現出しうる限りにおいて、現象学的視座のもとに開かれるのである。

しかるに、啓示神学は「内在」の学であると同時にそこで主題化されるのは「現実性」としての啓示にほかならないことから、現象学の本質遂行自体はこの次元に介入してはならない。「現象性においてその地点〔啓示の現象〕まで行かねばならない現象学は、そこを越え出てはならず、〔大文字の〕啓示の事実や、その歴史性、その現実性、またその諸々の意味に関して決定しうると決して主張してはならない。」(ED329, Note1.)「内在」と同時に「現実性」でもある啓示神学の二重性格に留意するならば、改めて現象学と啓示神学との関係、また「内在」の領野のうちに探求される「啓示の現象」の可能性をどのように理解しうるであろうか。

四　現象学と神学との連関の解明へ向けて

上で究明されたように、現象学にとって啓示の「可能性」は、還元の深化を経ることで呈示される「贈与」としての現象の現象性に即して、現象そのものの自己呈示（とその現出可能性の開示）を通してもたらされることが見出された。この「可能性」の具体的内実を見極めるため、現象学と神学との関係性を明確化する必要がある。
E. Falque は、マリオンが現象学と啓示神学とを峻別すると共に後者が前者を超え出る（越境する）学たることを明言していることを確認しつつ[17]、むしろこの事態こそが「神学を解放する」ところの「神学的哲学者ないしは哲学的神学者」[18]を可能にすると述べる。Falque はまずマリオンの次の言葉に注目する。「〔大文字の〕啓示の事実が、顕現と〔小文字の〕啓示との諸々の形姿と〔それらを引き出す〕戦略とを、啓示の現象へと推し進められた現象学でさえそれがかつてなしえた以上に力強くまた繊細に、もたらし呼び起こすことは起こりうる。」(ED337)

マリオンは『与えられて』本論中でこの可能性についてこれ以上論を展開することはないが、Falque はマリオンの雑誌論文[19]での解明方途を援用することでこの言明の解釈可能性を呈示する。Falque は、神学の内部でのみ働きその言葉の内実規定も可能になると一般に思われる「奇跡（le miracle）」や「秘跡（le sacrement）」といった術語は、マリオンの呈示する贈与の現象学によってこそその内実を証示されうると解釈する。例えば「奇跡」は、聖書における卓越した〈しるし〉であるばかりでなく〈復活そのもの〉をも指示する限りで、歴史性という指標のもとで神学的に解明されるべきではない。「むしろ、その〔奇跡の〕意味を決定すべく要求されるのは、歴史性そのものや奇跡の事実を〈〝括弧に入れる〟〉還元という現象学的規範である……。『奇跡は今や物理的な出来事ではなく、私の自覚に関係しているであろう。』本来の奇跡とはマリオンによると、事柄それ自体よりも、事柄を眼差す私の転換における生きられた経験、この意味での〝私の自覚における奇跡〟である。[20]」聖書の語る「奇跡」は、対象的事象として文献学的・歴史神学的に究明される方途においてはその意味を失い、逆に非理性的・魔術的に開明されうる超現象でもなく、現象学的眼差しのもとに与えられる〈自己〉を通して生きられることで初めて現象化せられる。この時新たに生きられる〈自己〉とは、現象そのものの生起として贈与の動性を通して「与えられたもの」である。というのも Falque が明示するように、この文脈にてマリオンは「飽和した現象」という術語を初めて使用するのである。[21]しかるに「奇跡」の最たるものである「復活（ressurection）」は、現象学によって次のように解明されると Falque は述べる。

復活とは、まずもって（おそらく紀元三三年頃のエルサレムという）歴史上の時と場所とにおける神の子と彼の父との結びつきを示すのではなく、本質的に、いま私における私への神の子の贈与なのである。……

（中略）……現実存在が必然的に宙づりにされる現象学的還元の枠組みにおいては、自覚という〝私へ〟においてのみ、〔神の現象は〕現出にとどまる――あるいはそうならなくとも、少なくとも現象化されるのである。(22)

いまや「復活」という術語の示す内実は、現象学的視座において〈自己は贈与において、贈与を通して与えられる〉こととして解明される。すなわち、マリオンが『与えられて』の終局部にて述べる通り、「ここにおいて与えられたものは、贈与のうちで、そこにおいて受け取った自己そのものと、とりもなおさず与えられたもの全ての贈与を、それらを視えるものにするべく遊動せしめる与えられた存在者（l'étant donné）として、自身を特徴付ける」（ED422）にいたる。「奇跡としての復活」は、〈自己〉の現出の出来事として今ここで、いまだ〈神〉への知が始動するに先立つ生のもとに与えられる生命を生きうることであり、この意味で普遍性を有しつつ贈与の現象学の許に解明されうると言える。

以上で明らかにされたように、神学上の術語は贈与の現象学の視座からのみその本来の意味を与え返されるのならば、現象学と神学との連関は改めてどのように理解されるべきか。『現象学と神学』にて呈示されるハイデガーの問題構制のもとでは、実証的学たる神学が存在論的学たる現象学に基礎を受け取ることから、現象学は「神学上の概念を存在論的・形式告知的に修正する」役割を可能的に担う。他方マリオンのもとで現象学は、〈自己〉現出の現象として解釈しうるという意味で〈神学〉の術語に生命を与えることにおいて現象学の思惟に固有のあり方を見出す一方で、〈信仰の神学〉に特有の〈三位一体の神といった〉「啓示されたもの（revelata）」の領域に対しては慎ましく身を引く（Cf. VR114）。したがって、Falque の言う「神学を解放する」とはこの限りで理解されねばならない。神学の語る術語が現象学によってこそ解明されうるその内実は、それがあらゆる現象の現象構制である贈与においてこそその基礎が露呈されることから、人間にとって接近可能な事柄であることを示唆しうるのである。ここで、贈与に基づいた現象学が、贈与のもとに〈自己〉生成が可能ならしめられる「内在」の事態を解明し、それが未知かつ未見の神へと向けられた先-〈自己〉的態勢であることを想起するならば、マリオンの呈示する現象学とは次のように言いうる。現象学の営みは、〈信仰〉の領域の手前で、人間に対する啓示〈可能性〉の普遍性、つまり「内在」における啓示の可能性を遡及的に開示し記述しつつ、その可能性をより豊かに示すべく諸々の現象学的〈神学〉の術語の本来の意味を解き明かす役割を担う学なのである。

結語にかえて

ここにいたってようやく、冒頭で提示されたマリオンの言明が理解可能となる——「もし宗教が現象学の領野のものとなりうるのであるならば、現象学的方法によって、宗教なしでも、秘められあるいは単に忘れられたものとしてであれ、宗教的圏域に留まるであろう諸々の現象を開示することで、そのことを立証しなければならない」(VR13、強調は執筆者による)。信仰のみが到達しうる歴史的事象たる「啓示されたもの」に基づく神学は、この意味では現象学に先立って固有の領域を与えられている。他方現象学は、神学の語る現象が本来はどのような現象であるのか、どのようにそれらの現象へ向かいうるかを遡及的に究明してゆく。この点で現象学は、〈信仰〉の手前で「神学を解放し」、すなわち宗教なしで、〈信〉の由来を解き明かす学たりうる。ここで肝要なのは、「内在」における啓示の普遍的可能性として「応答」を呼ぶ声は限りなく〈匿名〉に留まる事態である(ED408ss.)。したがって贈与の現象において与え(られ)るものを〈神〉と名指すことで、現象学と神学とをあたかも連続的なものであるかのように捉えるFalque、さらに現象学が神学の基礎づけとして規定されると見做すGschwandiner[23]に対して、現象学はあくまで〈神（学）へと可能的に橋渡しされうる〉〈隘路〉――それがどこへと向かう〈隘路〉であるのかすら、現象学の思惟を以て証示することもできない――を開示するのみであることを明示せねばならない。〈信〉の由来の解明としての啓示の普遍的可能性とは、信仰の事柄たる〈神〉の事象へと向けて指示する術語が、「いまここで」現象学的思惟を通してこそ命を与えられえ、しかしどこまでも信仰によってその現象が解釈される手前での「自己の贈与」の潜勢的な可能性である。可能的に脈打つこの一点において、現象学的思惟と〈神〉とを繋ぎとめる透明な紐帯が現成する。[24]

最後に、より一層現象学的厳密さをもって問われるべき残された課題を二点記し置きたい。（α）現象学における「現象性としての現象性という或る可能な相貌」としての啓示可能性の問題構制を究明するうえで、「与えを設えるべく贈与の襞に、そしてその与えを繰り広げるべく顕現に、属している」（ED167）現象の贈与性格は、〈退去しつつ現出する〉現象の現象性[25]が彫琢される由来と現出構制から捉え返されるべきである。ここにおいて本論がこれまで避けてきた、ハイデガーとマリオンにおける現象の現象性の解釈という根本問題と臨接する地平が示唆され、そこから両者の現象学的布置を見届けることがようやく可能となる。（β）同時に現象学的思惟と〈神〉との連関への更なる問いとして、先-〈自己〉的次元のうちに「啓示の可能性」を究明する方途に関して、「内在」における「意志（la volonté）」の特権的かつ独自の現象学的内実規定の解明による方途が開かれていることを見通しておきたい。マリオンは、「内在」の前-現象性の暗闇の内でただ「意志」のみが、応答や思惟に先んじうる精神の働きであることを明示し（ED419ss）、「意志」こそは「私が誰であるのか（*qui je suis*）」（LS226）を確証すべく、先-〈自己〉的次元の内でなおも啓示の「可能性」へ開かれることで、未見かつ未知なる〈神〉と〈自己〉とを結ぶ結節点となることを指示するのである。ここに、〈信〉の由来のさらなる解明可能性がその発動契機と共に示されている。

以上で解明された事柄は、マリオン現象学における〈啓示の現象〉を巡る問題構制の一端を開き示したものにすぎない。とはいえ贈与の現象学の指示する啓示可能性は、〈信〉の由来の解明を通して現象学的視を有するものに〈信〉の「奇跡」として開示されたといえる。というのもマリオンは、人が信仰をもつにいたることこそをまさに奇跡中の奇跡として位置付けるのであるから。「究極の奇跡とは、わけても私がこの奇跡を信じるということである——復活とは、そこであらゆる奇跡が完遂される〔〈自己〉の〕場所である。[26]」

注

＊マリオンの著作に関する略号は以下の通り。本文での引用は略号の次にページ数を記す。〔 〕内は引用者による補いである。強調等は例外を除いて原著に基づく。

DE : Jean-Luc Marion（1982）, *Dieu sans L'être*, 3e éd., P. U. F., Paris
RD : Id.（1989）, *Réduction et Donation —Recherches sur Husserl, Heidegger et la phénoménologie*, P. U. F., Paris
ED : Id.（1997）, *Étant donné—Essai d'une phénoménologie de la donation*, P. U. F., Paris
DS : Id.（2001）, *De surcroît—Études sur les phénomènes saturés*, Quadrige / P. U. F., Paris
LS : Id.（2008）, *Au lieu de soi—L'approche de Saint Augustin*, P. U. F., Paris
VR : Id.（2010）, *Le Visible et le Révélé*, Les éditions du Cerf, Paris

（1） Dominique Janicaud, *Le tournant théologique de la phénoménologie francaise*, Éditions de l' éclat, 1991.
（2） 例えば以下の論述を参照：杉村靖彦「哲学者の神」、『岩波哲学講座 宗教四 根源へ——思索の冒険』岩波書店、二〇〇四年、一三三―一五九頁。

（3）「〈神〉の語りの思索――J・L・マリオンにおける〈神〉の現象学を巡って」、『哲学論集』第四十四号、上智大学哲学会編、二〇一五年、六九―八六頁。

（4）Martin Heidegger, Phänomenologie und Theologie, in *Wegmarken* : GA9, hrsg. von F.-W. von Hermann, Frankfurt a. M., 1970.

（5）Ebd. a.a.O., S.48f.

（6）Cf. Ebd. Die onto-theo-logische Verfassung der Metaphysik, in : *Identität und Differenz* : GA11, hrsg. von F.-W. Von Hermann, Frankfurt a. M., 2006.

（7）Ebd. Phänomenologie und Theologie, S.61ff.

（8）現象学は、神学の諸概念もそこから由来する存在領域たる「現存在の実存論的体制」に属する諸契機を形式的に告知しつつ、神学的概念がその根源を露呈され真正な意味内実を解明し保持することへと向けてただ「修正（矯正）する」機能を有しうる。「ただし、哲学はこのような矯正として事実的に機能しなくとも、それであるところのものでありうる」(GA9, S.66) ことから、神学へのこの「共誘導」は哲学の本質遂行そのものに属する事態ではなく、神学の側から立てられる要求に基づく。

（9）Ebd. Brief über den "Humanismus", in *Wegmarken*: GA9, S.351.

（10）中敬夫『行為と無為――《自然の現象学》第三編』萌書房、二〇一一年、二八一頁以下。

（11）Edmund Husserl, *Husserliana* Bd. §48, S. 168-169.

（12）マリオンのフッサール解釈に関しては機会を改めて論じねばならない。『イデーンⅠ』24節の「原理中の原理」である直観に関する解釈については、RD11ss, VR35ss を参照。

（13）Christiana M. Gschwandiner, *Reading Jean-Luc Marion—Exceeding Metaphysics*, Indiana Univ. Press., Bloomington and Indianapolis, 2007, p. 62, 64.

（14）永井晋『現象学の転回――「顕現しないもの」に向けて』知泉書館、二〇〇七年、五一頁。

（15）諸批判に関してここでは詳説できないが、例えば注（13）に挙げた著作を参照。

（16）Gschwandiner, op. cit., pp.68-69.

（17）Emmanuel Falque, Translated by Robyn Horner, "Larvatus pro Deo—Jean-Luc Marion's Phenomenology and Theology", *Counter-Experiences—Reading Jean-Luc Marion*, Edited by Kevin Hart, Univ. of Notre Dame Press, Indiana, 2007, pp. 181-199.

（18）Falque, op. cit., pp.189-190.

（19）J-L. Marion, "Á Dieu, rien d'impossible", *Revue Catholique Internationale Communio* 14, no. 5（1989）, pp. 43-58.

（20）Falque, op. cit., p.192.

（21）Falque, op. cit., p.198, Notes（26）.

（22）Falque, op. cit., p.193.

（23）Gschwandiner, op. cit., p.246, Notes（68）. 但し〈信〉という術語は、現象学と神学とを厳密に区分し、現象学の有する開示機能を呈示するべく論者が導入したものである。

（24）〈隘路〉は、事後的にのみそれが〈神〉への隘路であることが明らかになる道行である。しかるに「神学の解放」とは、宗教のもとで開示される諸現象がどのように理解されうるかがその最も還元されたあり方として現象学においてこそ解明される事態である。この問題構制に関しては、〈信〉とそれに対比せられる〈信仰〉との関係性を、特に後者が捨象しえない歴史性を加えた観点から再構成する課題が残されている。

（25）マリオン初期から貫かれるこの現象性に関しては、注（３）の拙稿を参照。

（26）J-L. Marion, "Á Dieu, rien d'impossible", p.49.

〔書評〕

長町 裕司 著

『エックハルト〈と〉ドイツ神秘思想の開基 マイスター・ディートリッヒからマイスター・エックハルトへ』

上田 圭委子

本書の著者は、中世哲学・神学は勿論のこと、広く近現代ドイツ哲学および西田哲学に通暁する研究者であると同時に、イエズス会司祭として宗教的指導にも挺身しておられる方である。そうした著者の新著は、専門研究者のみならず、現代の実存および宗教哲学の可能性に関心を寄せるすべての者にとって、待望の書であると言えよう。本書は、二〇〇三年から約十年の間に執筆・発表されたドイツ神秘主義およびエックハルトを中心主題とする論稿に加筆修正して成ったものであるが、そこで著者が目を注いでいる問題領域は、一貫して、人間の魂と神とが関わる領域、エックハルトの表現で言えば「魂の根柢における神の子の誕生」の場そのものであると言えるだろう。読者は、これこそが、まさに哲学研究において真に問うに値する心躍る問題領域であることを、本書によって実感せしめられるであろう。

本書の序の部では、現代の思想的状況なかでのドイツ神秘思想の意義が三つ掲げられる。その一つめは、「真の個の覚醒」の在り方を照射するものたりうることである。著者によれば、「自らに固有の自己の存立」は、「存在するものを場所とする有意義性連関からの〈私〉の自己理解を表明しようとする記述」の「集積」によっては「埋めつくすことはできない」(十一頁)。むしろこの真に固有な「私」は、「世界内部的な意味連関からの一切の述語づけを拒絶している」のであり、「〈無窮の動性〉に貫徹されて」おり、「その無限な開けにおいて絶えず生まれつつ根を下ろして住まうもの」(十二頁)であって、このような「〈私〉の自覚が成立し貫徹される場所」が、「ドイツ神秘思想の定礎」たるエックハルトによって、「絶えざる無窮の動性が開顕する〈神の無〉」（十二頁）として示されているとされるのである。

二つめは、「今日のキリスト教的霊性の刷新的活性化と信仰理解の深化」のための「生産的‐創造的」な思想的源泉としての意義である（十四頁）。エックハルトの思想は、没後に教会から異端とされたにもかかわらず、脈々と受け継がれて、ドイツ神秘思想の源流となり、その地下水脈はドイツ観念論の「〈発展史的な汎神論〉まで届いている」（十七頁）。著者は、その思想的生命力の源といえる要所を、エックハルトの全著作および内外の諸研究を自家薬籠中のものとしつつ、本書において剔抉している。

三つめの意義は、「普遍的神性」をめぐる考察への寄与である。著者は西谷を引きながら、「ドイツ神秘主義」においては「普遍性の立場が非常に深められた形で現れている」（十九頁）ことを強調する。そして、「宗教の多元性」が「地球規模で自覚化されている」今日において「宗教哲学的に」あらためて「普遍的神性への問い」について「究思」することは喫緊の課題であることを指摘する（十八頁）。著者は、エックハルトの思想を、「キリスト教信仰に刻印を受けた」「霊的躍動に根差す」ものであると同時に「一定の歴史的伝統や信条による形体化に先立って凡そ人間存在に宗教性といったものが湧き出でる普遍的始原‐淵源へと思索を貫徹せしめる」（一五三頁）ものと見ている。

以下、本書の豊かな洞察内容のごく一部を順に紹介すると、まず「承前」においては、近年校訂版全集も出版されたことから注目を集めるフライベルクのディートリッヒ（ca.1240/60–1318/20）の知性的認識の場所論が扱われる。ディートリッヒは、人間のうちにある神の像（imago）としての能動知性を、「第一義的に『神に適した（神を受け入れる）ところの場』」であるとし（三六頁）、神とその像との「不可分離的な一致」についての考察をもとに基礎づけ、エックハルトにおける「人間精神（知性）の根柢における神との遂行的な『一』への回帰」の思想およびそれ以降のドイツ神秘主義思想の「理論的布石」となったと著者は位置づける。

本編の「エックハルト論攷」は三つの論稿からなる。第一論稿では、エックハルトの言語理解が扱われる。著者は、初期のトマスが「ことば」を三階層に区別し、その第一階層として、「知性によって懐胎されたまま外的音声なしに語られた言葉（心のことば＝verbum cordis）」を挙げ、この「心のことば」のみが、「一切の質料的なものへの下降から離存して固有に神について語られる」としたことに触れる。そのうえで、エックハルトにおいても、トマスに倣ってことばを三つに区別したテクストが見出されるが、彼の場合には、第一の言語層（トマスの「心のことば」に対応）は、「像なき、像を超えた原像」を宿す言葉の存立の場所、すなわち「魂の火花（vünkelîn）」であり、「ことばはそこにおいてのみ神性と不可分に一致している」とされることが指摘される。続いて、エックハルトの「根本思想」を表現するとも言える「魂の根柢における神の子の誕生」（六八頁）が、「ことばの本質生起」と密接に関連することが、エックハルトのラテン語著作『ヨハネ福音書注解』および『創記注解』の解釈を通して解明される。一般に「始原においてことばがあった」（ヨハネ1・1）の「ことば」とは、キリスト教的な文脈理解では神の子であるイエス・キリストを意味する。エックハルトにおいても、「父なる神とその永遠のことば」の関係が、始原における神の「語りだす働き」と「語られたもの」との関係として捉えられている。著者は、こうした「ことば」の「始原における出生（generatio）」を「言語の本質現成」と呼び、これを、近代の解釈学的言語理論では等閑視される「すべての歴史的媒介の生起に先-時間的に先立って」いる言語の始原、すなわち「それ自体知性的に懐胎された最根源的なratio（理拠・理念）」であるとしてここに「エックハルトの思考全体に通底する活動原理」（九七頁）を見る。

続く第二論稿では、エックハルトのラテン語著作中に見出されるテーゼ“Esse est Deus”が取り上げられる。著者は「アリストテレスに由来する『形而上学の〈存在-神-論的〉端緒』」は、「ディートリッヒおよびエックハルトの下では新プラトン主義的思想潮流の再活性化を通して」『神-存在-論的』形而上学の体制構想へと転回」しているとする（一九〇頁注一二）。よってこのテーゼも、当時のスコラ哲学に共通するテーゼ“Deus est esse”の単なる形式的転倒ではないと解される。著者はエックハルトの「否定の否定（negatio negationis）」という「純粋で完全な肯定」を意味する概念を参照しつつ、このテーゼはEsseの概念内実が、エックハルトの理解する「神の座」、すなわち「多性と区別への差異化としての否定態（negativum）を否定的に脱去する『純粋な否定』の非-差異化性」（一三七頁）にあることを意味すると解し、これをエックハルトにおける「神-存在論」的視点と呼ぶのである。

第三論稿は、「普遍的神性」の問題をめぐる「諸断章」である。著者はエックハルトにおいて、「魂にとっても〈神〉

にとっても一体的に根柢（Grund）であるところの無形無相なる普遍的神性」（一五二頁）が開かれていると見ている。まず『神の慰めの書』が参照され、「人間は本来、『何らかの差異の予感や影を許容する一切のものから解放されて全ての多様性と差異から自由である一にのみ自らを委ねる』ことにおいて至福に開かれており、この離脱動性を通して広大で充溢そのものである神の生ける働きそれ自体の慰めに与かる存在である」という、「エックハルトが繰り返し強調する提要」が確認される（一四八頁）。そのうえで著者は、エックハルトの「神の無」と呼ばれる概念について「〈神〉がその根柢へと否定的動性において突破された真の無の座は、翻って『〈一〉なる根柢としての普遍的神性からの神』生起の唯一本源的な存在（Esse）と理解される」とする（一七二―三頁）。そしてドイツ語説教第一〇番を取り上げて「この『〔魂の〕自ら自身よりもより近い』神は、あらゆる意識的生の自己関係に先立って『我もなければ〈神〉も無い』直接性の成立する在り処（即ち、魂の根柢）と一体である他ないところのものなのである」（一七三頁）と解釈するのである。最終部ではエックハルトの無と響きあう西田の〈無の思惟〉およびハイデガーにおける〈存在論的思惟と無〉への有意義な論及もなされている。

（春秋社　二〇一七年）

〔書評〕

松野さやか 著

『ヤスパースの実存思想　主観主義の超克』

岡田聡

二〇一六年より全五〇巻の『カール・ヤスパース全集（Karl Jaspers Gesamtausgabe）』の刊行が始まり、近年日本でも、断続的にではあるが、ヤスパースに関する単著の出版がなされている。二〇一九年の没後五〇年に向けて、ヤスパース研究の機運が高まっているのは、一研究者として喜ばしいことである。その中で世に送り出されたのが本書、松野さやか『ヤスパースの実存思想　主観主義の超克』である。

本書は、「哲学の人気が衰えてすでに久しい」（一頁）という言葉によって始まる。「『抽象的で無益な哲学』というイメージ」（同上）が定着した、と。しかし著者は、哲学が持つ力を信頼する。「本来の哲学とは、個人が考え出したものでありながら普遍性をもつ思想であり、それは現実を支えて動かす力をもつ。」（二頁）本書では「力」ないし「エネルギー」という語が多用されるが、本書は哲学が持つ力への――誤解を恐れず言えば――一種のオマージュであり、信仰告白である。そういう意味で本書は単なるモノグラフではなく、その点こそが本書の大きな強み（「魅力」と言ってもよい）であり、同時に弱み（二次文献としての）である。

著者のそうした態度は、ヤスパースの思想へのアプローチの仕方にも表れている。「彼の思索全体に一貫している根本的な姿勢は、彼の精神病理学・心理学を基盤としており、彼の実存哲学の基本的概念は、初期の思想を前提として彫琢されていったと考えられる。」（一五頁）従来のヤスパース研究では、『精神病理学総論』を中心とする初期の精神医学の時期、『哲学』を中心とする前期の実存哲学の時期、

『真理について』を中心とする後期の理性哲学の時期というように、ヤスパースの思想を三つの時期に区分して考察することが多かった。それに対して松野は、ヤスパースの実存哲学を、彼の精神病理学・心理学の展開として読むことによって、ヤスパースの思想を全体的に把握しようとする。なるほどヤスパースというひとりの人間がおこなった探求が分断されたままでよいわけがない。そうした意味でも本書は挑戦的な書と言える。

　本書は哲学が退潮した理由として、自然科学とその客観主義の発展と、西洋近世・近代哲学の主観主義的な傾向を挙げる。そして哲学を弁証するために、ヤスパースの実存思想――人間は自然科学とその客観主義によっては汲み尽くせないとし、ほかならぬこの私の個別性・独自性を際立たせ、各自の実践的な生き方を問題にする――を取り上げる。と同時に、そうしたヤスパースの実存思想――副題にもあるように――を主観主義を超克するものとしても理解する。「本書の各章すべてに通底する課題として、ヤスパースがいかにして『客観主義』に反対しながら『主観主義』にも陥らずに独自の思想を生み出したのかを、明らかにすることを目指す。」（七頁）すなわち本書の目指すものは、ヤスパースの実存思想を主観主義と客観主義の対立を超える思考として読むことである。そのために本書は、ヤスパースにおける「意識」概念に注目し、主観を「意識のはたらき」、客観をその「対象」と解し、主観と客観の関係――著者は「意識のあり方」と呼ぶ――の多層性・多元性を整理し秩序づけることをヤスパースの一貫した課題と見なす。すなわちヤスパースの実存思想を、超越論的なものとして把握するのである。したがって本書の中核を占めるのは第一章の「意識の主観と客観への分裂」であると言ってよく、評者も第一章を中心に検討したい。

　著者によると、「意識の『主客分裂』は、ヤスパースの議論の最初に置かれる、第一の真なる前提であ〔り〕」（二三頁）、「相反する方向性をもつ二つの意識のうち、ヤスパースの心理学・哲学において重視されるのは」――意識の主観面である――「『自我意識』のはたらきである」（二九頁）。そして松野は、『精神病理学総論』で挙げられる自我意識の形式的特徴のうち、個人のアイデンティティを支えるのに不可欠なものとして、同一性の意識と単一性の意識に着目する。その上で、ヤスパースから「私は四肢や個々の器官、脳の部分でさえ失うことがありうるが、私は私のままである」（『哲学』）を引用しつつ、その同一性の意識と単一性の意識が「脳神経系や免疫系といった身体の構造や機能」（三五頁）に還元されえないと主張する。こうした議論は、たしかに『精神病理学総論』や『哲学』においてなされているが、問題は、松野によるその根拠づけである。

> たとえ他人の骨髄血や臓器を体内に移植したとしても、「私は私であり、私以外のなにものでもない」ことが本質的に変わるわけではない。実際、物質的実体とは独立の自我のレヴェルにおける同一性の自覚は、西洋近代的自我の形成・確立が重視されている社会では構成員各自に要請されており、例えば、われわれは過去に自分がした約束や犯罪について、今の自分は別人なのだからと言って行為の責任を免れることは原則的にできない。（同上、傍点評者）

すなわち精神病理学的ないし哲学的な自我の同一性、単一性の議論が、――要請されるという――社会的な自我の同一性、単一性の議論と混在しているのである。実際に著者自身、自我意識の形式的特徴について、次のように述べている。

> 近代的自我の概念は、西洋において生まれたものであり、したがってそれは西洋の社会や文化のあり方と深く関係していることに留意するべきであろう。（三七頁）

さらに、「自我に執着することから起こるさまざまな問題」（同上）や、――養老孟司、遠藤周作、河合隼雄を引きつつ――日本における「個」と「全体」の関係に言及し、「『個』と『全体』の間で極端に振れ過ぎずに両者のバランスをとることの重要さ」（三九頁）を提唱する。ここでの主題であった自我意識の形式的特徴の議論が、ある種の文化論、日本論と混在している。「『自己』を通して『個』と『全体』の中庸をとり、『普遍』へと意識を導く彼の発想」（四〇頁）と言われるが、その「普遍」が何を意味するのかも判然としない。ヤスパースのみならず様々な文献からの引用や議論が混在しており、どこまでがヤスパースの主張でどこからが著者の主張であるかが読みとれない。もちろん著者の見解が述べられるのは歓迎するべきであるが、それでもやはり本書がヤスパースに関するモノグラフである以上、ヤスパースの主張が明確に取り出されていないのは問題であろう。

同様の問題は、同じ第一章の別の箇所にも見いだされる。著者は、自己形成を「何らかの主導的イメージ（Leitbilder）の下での自らの人格の形成」（『世界観の心理学』）であるとし、その主導的イメージを「今ここにいる『私』には達成不可能ながらも人類全体に与えられている課題」（五〇頁）と換言するが、ヤスパースはLeitbilderという語によって、そうした課題を言っているのであろうか。この語が含まれる箇所全体を訳出してみよう。

> 人間が自らの瞬間的な状態のみならず、自らを過去と将来にわたる全体としても注視するならば、自らの現存在へのあらゆる現在の介入は、何らかのLeitbilderの下での自らの人格の形成へと関連しながら秩序づけられる。

ここで言われている「全体」は、人類の全体ではなく、自己の過去と将来にわたる全体である。著者はヤスパースを理解するキーワードとして「普遍」ないし「普遍性」を念頭に置いているようである。現在問題にしている箇所でも、「実存の生成の内的過程である『自己形成』が、個を通じて普遍へ至る道程と意味づけられている点に、ヤスパースの心理学・哲学を貫く、主観主義を克服する姿勢が表れている」（同上）と述べられる。あるいは著者によると、ヤスパースは次のように主張しているという。「彼は……すべての人間を『包越者』（ないし『超越者』）の個々の現れとみなす。」（五六頁）「個人の『私の本来的自己』すなわち『実存』は、それぞれが元来は一者であるもののかけがえのない対等な現れである。」（同上）「人間の『自己意識』は……宇宙の全体のようなものに依存〔する〕。」（五七頁）魅力的な実存理解、超越者理解であるが、文献的な裏付けがなされておらず、本書の目指すものである、ヤスパースの実存思想を主観主義と客観主義の対立を超える思考として読むという、その超克を強調するあまり、ヤスパースの実存思想それ自体から逸脱しているのではないか。

以上のように本評は批判的なものになったが、著者のヤスパース理解には興味深い点が多々あり、それらがより明確にされれば、以後のヤスパース研究の新たな地平を開きうるものとなるであろう。次作を心待ちにする次第である。

（京都大学学術出版会　二〇一七年）

〔書評〕

八重樫 徹 著

『フッサールにおける価値と実践 善さはいかにして構成されるのか』

稲垣 諭

『実践理性批判』が『純粋理性批判』に先立つことがなかったように、実践にかかわる経験は、整えられた理論的基盤の上に積み重ねられるよう描かれてしまう。日常を生きるという実践に明らかに遅れるはずの生の理論化がどこか倒錯して見えるのはそのためである。

これはフッサールの思索と、その思想史研究にも当てはまる。知覚や想起といった認識理論研究に対して、生を方向づける倫理的研究が遅れてやってくる。八重樫徹著『フッサールにおける価値と実践』もそうした研究史的流れに位置づけられ、本書の内実からいえば、意識の客観化的働きに遅れて価値と実践の意識分析が試みられる構図になる。

シュネーデルバッハに倣えば、「交換価値」(マルクス)、「真理値」(フレーゲ)、「価値の転倒」(ニーチェ)というように、価値概念は一九世紀中葉から二〇世紀にかけて隆盛を極め、哲学の根本問題に登りつめる。価値哲学を創設したロッツェが問題としていたのは「主体なき観念論」であり、「価値の客観性」であった。

その後、新カント派は「存在者は存在し、価値は妥当する(gelten)」と定式化するが、これがフッサール現象学とも強く反響し合っている。というのも彼の超越論的観念論では、レアルであれ、イデアルであれ対象の存在が「妥当性」の有無によって確証されるからである。

こうした背景のもと本書は、第一部が「フッサールの価値論」、第二部が「フッサールの道徳哲学」という構成からなり、全体を貫いているのが「評価する」という意識の働き(判断)の分析とその意味づけである。さらに言えば、この評価作用の対象である「価値」を、フッサールの超越論的観念論を土台に据えながら「客観主義」的解釈として貫徹しようとする試みである。観念論を維持すると同時に価値の客観性を保証しようとするところに、本書のオリジナリティがあるといっても過言ではない。

とはいえ氏も認めるようにフッサールの分析の大半は草稿で行われており、中には客観主義的とはいえない見解も多分に含まれている。そのため何がフッサールの最終的立場かをテクスト的に確定することはほとんど無理である。

そこで本書が取る戦略は、ブレンターノや、彼に近い立場で議論を組み立てているダニエルソンとオルソン、さらに現象学的倫理学を構想したシェーラー等の見解を比較し、ときにフッサールにも反して、どちらが説得的であるかを競いながら客観主義を堅持する展開となる。

以下では、それら個々の論点に立ち入ることはせず、結論として提示されるフッサールの評価作用の内実をまとめてみる。

それは、『論研』においてフッサールが特徴づけた「非客観化作用」ではなく、知覚によって基づけられた外的対象に帰属する価値という客観性を志向する（感情）作用であり、「価値覚（Wertnehmung）」という用語が示すように、真／偽が問える「知覚（Wahrnehmung）」認識と類比的なものとして評価作用を理解するということである。

つまり感情には、ある対象に対して抱くべき「正当さ／不当さ」という価値に照らした規範があり、それによって感情の理由は理性的に根拠づけ可能である。「私たち自身の感情について語るとき、それが正しいか正しくないかを、私たちはたいていの場合、暗黙的には知っている」(182)のだから、それら正当性条件を明らかにすることが価値の構成分析の課題となる。「フッサールにとって、正しいか間違っているかはつねに客観的な事柄であって、主観的な正しさというものはない」(141)とも言われ、本書ではこの規範性を議論できることが価値の客観性を保証すると仮定されている。

またこれは一部の結論であるが、そのまま二部のフッサールの倫理的立場にまで拡張される。というのも倫理的に生きることとは、生の規範（正当性）を求め、そのつどの行為を正当化できるよう絶えず努力することだからである。「人間は本質的に、自分がなしたことやこれからなすことを評価し、根拠づけ、最も正当化可能な生へと自らの生をかたちづくっていく能力をもつ。こうした能力を一貫して発揮する生が、倫理的生に他ならない。」(214)、「倫理的生とは、自らの生全体を洞察的に正当化可能なものにしようとするたえざる自己批判の態度のうちで生きられる生である」(215)というように、これらがフッサールの倫理的生の立場となる。

さて、本書全体における氏の主張を取り出してみると、評価という働きは、価値にしても、倫理的生にしても、その「正しさ」を主体の思いや欲求とは独立に、すなわち「客観的に」問うことができ、それを理性的に正当化できるということに尽きる。あまりに合理的で、理性を信頼するフッサールらしい結論ではある。吉川の先行研究に対する氏のアピール・ポイントもここにある(33)。

とはいえ疑問はその先である。というのも氏が主張する上記の「合理主義的倫理学」は、数ある倫理思想と異なった、どのような倫理的生と規範を提示できるのかだけではなく、自らが倫理的生を生きていることを判定する基準もさほど明確ではないように思えるからだ。

例えば、「その人にできることの範囲内で、洞察的に判断し、正当化可能な生を送ろうとするかぎりで、その人は倫理的に生きているといえる。したがって、誰もがつねに、倫理的に生きることができる。」(228)とも述べられているが、一見するとこれはほとんど誰もが普段行っている日常にすぎない。それでも人はミスを犯し、罪悪感に苛まれることが多々ある。その場合、「洞察的に」判断できていなかった可能性が残るが、しかしそもそも「洞察的に判断する」とはどのような条件のもとで成就するのか。

価値は客観的であるが、「いつでも観点相対的で文脈依存的な性質」(175)であることが何度も強調されている。それゆえ例えば、豚肉を食べるという行為に関して「栄養学的、疫学的、道徳的、経済的、宗教的観点」といった多くの観点からその価値の正当性の吟味が必要になるが、そうしたからといってそれが普遍妥当的な正しい行為であるのかは決定できない。

そこで氏は、「価値の構成分析は、個々の主体が置かれた文脈のもとで対象に価値を帰属し、またその価値帰属を正当化していくという実践に寄り添って、評価の規範を明らかにしていくというかたちをとる」(176)と述べるが、フッサール自身がそうした構成分析を行っていない上、これがどこまで可能かもよく分からない。しかしこれができない限り、氏も警戒している「過度の形式主義」という批判に応えるのは難しいのではないか。

またさらに、ここで氏が主張する「客観性」とは何かも改めて問われる。氏にとって客観性とは、規範を問えることであるが、同時に間主観性と並置されてもいる。「客観的あるいは間主観的」(178)や、「対象がどのような価値をもつのかも間主観的なことがらだと考えなければならない」(178)といささか唐突に間主観性について語られるが、それについての詳述は見当たらない。この記述だけを見ると、「個々の主体や共同体がもつ評価や評価傾向から独立して、対象は価値をもつ」(174)という文中の「独立して」という客観性を指示する語との齟齬が際立ってくる。

例えば価値においては「主体に相対的であることと客観的であることが両立する」(253)という文中の「客観的」を「間主観的」に置換してみると、客観性という語で伝えようとするニュアンスは当然異なるものになる。そもそも対象(や価値)が主体に相対的であることを支えていたのが超越論的観念論の想定であり、そこには超越論的主観性が聳えている。そこから同時に価値が「客観的＝間主観的」であることも基礎づけるには、間主観性が超越論的に可能なのかも本来精査すべき課題となる。あるいは、超越論的観念論と価値倫理的見解は独立に考察すべきだという選択肢も出てくる。

しかし本書ではそうした問題には触れられず、個人的な愛といった主観的な価値も主体の反省能力による批判と正当化を通して客観的に妥当な価値に練り上げられていく可能性に開かれていると主張するに留まっている(251)。価値はどのようにして、あるいはいつから脱主観化＝間主観化するとみなせるのか。こうした若干の批判的検討からも分かるように、以下のシュネーデルバッハの価値哲学についての評は、本書にとっても看過しえない現実を突きつけているのではないだろうか。

「新カント学派の価値哲学と現象学的な価値哲学の間の論争を見るだけでも、そこにはまさに存在論的なものと義務論的なものとにはさまれた、価値の見込みのない状況が表現されている。価値に対するわれわれの懐疑は、今日では言語分析的なメタ倫理学から新たな養分を得ている。」と。

(水声社　二〇一七年)

〔書評〕

轟 孝夫 著

『ハイデガー『存在と時間』入門』

田鍋良臣

二〇一七年は『存在と時間』の刊行から九〇年目にあたり、日本でもさまざまなイベントが催された。本書もその一環で企画されたものと理解していたが、「あとがき」を読むとそうではなく、刊行まで実に一〇年の歳月を費やしたとのことである。それゆえ、四三一頁というおよそ新書らしからぬ分量の本書は、著者の一〇年にわたる研究成果が凝縮された渾身の一書と言えるだろう。この間著者にはいろいろな困難があったと察するが、本書はそうした経緯をいささかも感じさせないほどに、読みやすく、わかりやすい。内容も多岐にわたって充実しており、哲学の入門書としてはまさに理想的な仕上がりである。

本書は序論と結語を除いて全五章からなる。その内容を大別すれば、『存在と時間』という書物の成立事情を扱った第一章と、『存在と時間』の内容を序論から順にたどった第二章以下に分けられる。第一章では、ハイデガーの初期フライブルク時代の活動や、『存在と時間』の刊行が慌ただしくなされた経緯などが紹介されている。なかでも、北昤吉（北一輝の弟）やオイゲン・ヘリゲルが絡む、ハイデガーの日本招聘をめぐるエピソードは興味深い。第二章では、『存在と時間』の序論が扱われ、「存在の意味への問い」がこの書の根本問題である点がとくに強調される。第三章では、『存在と時間』第一部第一篇の実存論的分析がテーマとなる。ハイデガーの「内 - 存在」の問題をフッサールの「志向性」概念から捉え返そうとする本章の試みは魅力的であり、現象学の歴史的展開を見直すうえでも示唆に富む。また「情態」のうちに「根源的な身体性」を見る視点は、著者の考察が文献読解にとどまるものではなく、まさに事柄そのものへ肉迫していることを示す証左である。第四章では、『存在と時間』の議論の多くが「キリスト教教義学を下敷きにして」(46)なされているという洞察のもと、本来性と非本来性の問題に関して、「頽落」、「死」、「負い目」、「良心」、「覚悟」といった主要概念が論じられる（第三章でも同様の観点から、「恐れ」、「不安」、「気遣い」に関するキリスト教的な背景が、アリストテレスの影響とともに、指摘される）。第五章では、当時の講義録等の資料に依拠して、『存在と時間』の未完部分の再構成が試みられるだけでなく、『存在と時間』の書き換えや未完をめぐる謎が、思想の急速な変化と急ぎ過ぎた刊行事情の両面から解き明かされる。その際とくに、一九二五／二六年冬学期講義（以下『論理学』と記す）の後半部でなされたカントとの取り組みが重視される。

以上本書の内容を簡単に紹介したが、本書の大きな特徴はやはり、キリスト教を『存在と時間』の思想的背景として強調したこと、および『存在と時間』の未完理由を当時の資料に即して考証している点であろう。これらは一般的な入門書の枠を越えており、ハイデガー研究の新機軸となりうるほどのインパクトをもっている。しかしながら、評者の理解したかぎり、これらの特徴的な主張はいまだ十分な確証にはいたっていない。以下では若干の考察を交えながら、本書の問題点を指摘していく。

まず『存在と時間』の議論の多くが、キリスト教に由来するとの主張に関して、評者もおおむね賛同する。問題は、実存論的分析とキリスト教との関係性である。本書ではこの点について、十分な検討がなされていない。しかしたとえば、一九二五年夏学期講義（以下『序説』と記す）のなかで、ハイデガーがアウグスティヌスとパスカルの「愛と憎しみ」に言及するとき——このことは著者も引用している（183）——、その主眼は、実存論的分析を通じて析出された「現存在の内-存在」が、これらキリスト教的な「認識」の「存在論的基礎」をなすという点におかれている（GA20, 222）。同様の見解は、『論理学』でも「気遣い」に関して繰り返される（GA21, 232）。一九二七年三月の講演「現象学と神学」では、キリスト教的な「罪」に対する「負い目」概念の関係性が、「存在論的矯正」としてより厳密に規定されている（GA9, 64f.）。以上が、ブルトマン宛書簡（一九二七年一二月三一日付）に記された、「キリスト教神学を学問として存在論的に基礎づけること」(54)の真意であると思われる。だが著者は、こうした「基礎づけ」に関するハイデガーの存在論的な意図に触れることなく、むしろそこに、「キリスト教神学という背景」(57) を読み込む。おそらくこのような解釈が、キリスト教へ多分に方向づけられた本書の記述を主導したのだろう。その結果たしかに、『存在と時間』の見通しはずいぶんよくなった。だがその反面、キリスト教に対する実存論的分析の意義はなおざりにされ、ハイデガー哲学の固有性は薄まり、著者が注意を促しているにも拘わらず (60f.)、ややもすると、キリスト教の単なる焼き直しのような印象を読者に与えてはいないだろうか。この点が危惧される。

本書のもうひとつの特徴は、『存在と時間』の未完理由に関する考察である。著者によれば、ハイデガーは長らく人間学的な研究に従事しており、それが『存在と時間』既刊部における実存論的分析、つまり現存在の存在を時間的‐歴史的なものとして解明する試みに結実する。他方でハイデガーは、『論理学』でのカント解釈を通じて、存在の意味への問いを新たに発見し、それをこれまでの人間学的な試みと強引に結びつけようとした結果、『存在と時間』第一部第三篇の破綻を招いた。著者の見解は、おおよそこのようにまとめることができる。この主張を裏づけるものとして著者が指摘するのは、「テンポラリテート」と「図式」の概念が『論理学』で初めて登場するという事実である。これらは、存在の問いがその答えを受け取ると予告された『存在と時間』第一部第三篇の主要テーマにほかならない。そこから著者は、ハイデガーが印刷を中断してまで書き換えをおこなったのは、第一部第二篇と第三篇、つまり実存論的分析と存在の問いを接合するためであり、これに失敗したことが『存在と時間』の未完につながったと推測する。後年のハイデガーがカントのテキストについて、存在の問いを探究する際の「避難所」(GA3, XIV) になったと述懐しているように、ハイデガーにとってカントは存在と時間の連関を予感しえた唯一の人物であった。このことは確かである。ゆえに、「ハイデガーはまさにカントをとおして、「存在と時間」という問題を発見した」(392) という著者の主張も、ある面ではうなずける。しかしながら、『論理学』のなかで存在の意味への問いがにわかに浮上し、あわせて実存論的分析との接合の問題も生じたという見解は、はたしてどこまで支持されるだろうか。というのも、『存在と時間』の草稿のひとつとされる『序説』において、ハイデガーはすでに、これらの問題を繰り返し語っているからである (vgl. GA20, 8ff., 198ff., usw.)。『序説』ではさらに「地平」、「超越論的」、「アプリオリ」など超越論的な問題設定にとっての鍵概念だけでなく、後にテンポラリテートに組み込まれる「プレゼンツ」の問題も、フッサールやシェーラーとの取り組みを通じて汲み取られている。著者も、正教授昇任の推薦書を引用し、「一九二五年八月の段階で論文の題名は「時間と存在」とされており、この時点で時間と「存在への問い」の結びつきが明確に打ち出されるようになっている」(104) と指摘している。だとすると、遅くても『序説』の時点で、ハイデガーは存在と時間をめぐる問題系を視野に入れていたと見るのが順当ではないか。だからこそ、次学期にカントを現象学的に読み直すなかで、これまで見過ごしていた図式論のテンポラールな意義にも、まるで「目から鱗」のように気づくことができた（vgl. GA25, 431)。その意味で、『論理学』でのカントは、すでに着手されていた存在論的な問題設定の真正さを確証し、議論を整理し、研究の行先を照らす、いわば先達のような役割を果たしたと見るべきであろう。いずれにせよ、ハイデガーの思想が『論理学』の前後で劇的に変化していると言うのであれば、相応の検証が必要である。（なお著者は、存在の意味への問いがカント解釈のなかで「誕生」したことを示す明白な証拠として、一九三〇／三一年冬学期講義の文言を引用しているが (396)、その訳出には議論の余地がある。）

もちろん評者の以上のような問題提起も、本書を繰り返し読むことで得られた新しい知見に基づいており、その意味で、著者の果敢な研究解釈に全面的に依存している。本書が広く読まれ、ハイデガー研究がますます活性化することを祈念してやまない。

（講談社　二〇一七年）

〔書評〕

丹木博一 著

『いのちの生成とケアリング　ケアのケアを考える』

宮坂和男

不治のがんで末期を過ごしている人が「残された時間を静かに過ごそうと思う」といった話をしたところ、親しい親戚が「そんなことを言わずに……。まだまだがんばって！」のように声をかけている場に居合わせたことがある。「寂しいことを言わずに、前向きな気持ちでいて」というつもりで励ましの言葉をかけたのだろうが、言われた人は当惑を隠せず、「いや、そういうことではなくて……」のような反応をしていた。幾分か立腹しているようにも見えた。すでに闘病で疲れきっている人にしてみれば、何やら勘違いしたことを言われたように感じたのだと思われる。また、「まだがんばれ」という言葉は、「まだ努力が足りない」ことも自ずと意味することになり、せき立てられているようにも感じたであろう。病や身体の不自由に苦しむ人にどういう言葉をかけるのがよいか、また、どのような姿勢で接するべきかは、現実にはかなり難しい問題である。

この場合もちろん「そうだね、もうじき最期だね」などと言ってはならないし、死に触れる話をするべきでないことも言うまでもない。「何でも力になるよ」、「何かあったらいつでも呼んでね」といった言葉をかけるのが、この場合には適切ではないかと思う。本人の気持ちと同じ方向を向きながら、なおかつ死のことには触れずに肯定的なことを言おうと思えば、こうした言葉をかけることになるのではないか。病や身体の不自由に苦しむ人を気づかおうとする場合、故障した機械などと向き合う時とは、当然のことながら勝手がまったく違う。とにかくよい状態にすればよいというだけではすまない。心をもった人間をケアしようとするとき、当人と気持ちの方向が合わなければ、先のようにかえって言葉で傷を与えてしまうことにもなる。

本書は、これとまったく同じではないが似た問題について考察したものであり、評者の考えと基本的に合致した考えを示していると思われる。著者は「ケアはケアされる者のセルフケアへのケアとしてのみ可能だ」(二五八頁)と主張しており、ケアはケアされる人と同じ方向を向くものでなければならないとする点で、評者の考えと一致しているからである。

書名にも挙げられている「ケアのケア」とは、このように「本人が自分をケアすることを援助するためのケア」を意味している。言うまでもなく、人間は物と同じように単に空間中に位置を占めて生きる存在ではない。人間は一人でいるときにも絶えず自分が生きてゆくためのケアに追われていると著者は言う。「私たちにとって毎日はケアの連続です。ケアとは、自分自身の生……を配慮して為される行為であり、平日も休日も変わりなく、人が生きていくために必要な営みだということができます。呼吸、摂食、排泄、睡眠といった生命を維持するための活動が滞りなく営まれるためには、換気、調理、掃除、洗濯、ベッドメーキングや消灯といったケアを欠くことができません。」(二四七頁)それゆえ本書の前半は、呼吸、摂食、排泄、睡眠といった「いのち」を維持する営みの検討に当てられている。

そして、人間は誰しもこうした「いのち」を保つ営みによって自分自身をケアしながら生きているのであるから、他者をケアすることも、単純にその人の状態をよくしてあげればよいということにはならない。本書でも述べられているように、ある人が自分の手で摂食することが困難になっているような場合、本人に代わって食べ物を口に運んであげることがケアなのではない。多くの手間と時間を費やしながらも、本人が少しでも自分の手で食することができるように手配してあげるほうが、本人が自分をケアすることをケアすることになっており、ケアとして正しいと言える。

このように本書は、世界内における人間の本源的な在り方にまで遡って、ケアという行為について考えようとするものである。その際著者は、特にハイデガーとレヴィナスの主張に依拠している。本書の眼目は、「ケア」の問題を単に医療や看護の課題として捉えるのではなく、人間の存在そのものに関する根本的探究に接続させて、哲学の課題として引き受けようとするところにある。本書はＡ５版で三〇〇頁を超える大著であり、大変な労作にほかならない。また論述は、著者の人柄を反映した堅実なものであり、徒らに難解さをてらうような傾向もない。浩瀚であるにもかかわらず、読み進める上で無用な苦労を要しない点に評者としては好感を覚えた。評者は著者の努力を高く評価し、本書を好意的に受けとめる者である。

ただ、これは決して批判ではないが、「ケア」の問題が本書によって解明し尽くされたと見ることはできない。これは本書に難点があるということではなく、「ケア」という事象にはじめから否応なく備わっている性格によるものである。「ケア」のような、医療や看護に関する問題を哲学的にも考えようとする意図はよく理解できるし、評者も似たような性格の書物を著したことがある。だからこそ思うのであるが、どのようなケアが適切であるかは、ケアを受ける人の状態や意思等によってそのつど異なり、答えは簡単には決まらないと思われる。評者が本評のはじめに述べたことも本当に正しいのかと問われれば、絶対の自信があるわけではない。

「ケア」は、実際の作業としては、大変な労苦を要する過酷な営みにほかならない。実母が筋萎縮性側索硬化症（ALS）という難病に罹ったことを聞いて、夫の赴任先であるロンドンから東京の実家に帰った川口有美子の体験を著者も取り上げている。川口が記しているところを読むとき、嫌でも感じさせられるのは、看護が想像を絶するような労苦に満ちた営みだということである。帰国した川口を迎えた家族は、挨拶すら交わそうとせずに、母の面倒をすぐさま川口に預けようとする。ALSの患者は、文字どおり一時も目を離さない看護を必要とするため、川口が帰国したとき、家族は睡眠不足等でくたくたに疲れきっていたのである。これほどの苦労にもかかわらず、時に川口を睨みつけて怒りを表す実母に接して、いっそのこと母がさっさと逝ってくれることを本気で願うことすらあったと川口は告白している。ケアを単純に美しい行為、慈愛に満ちた行いとして考えようとすれば、われわれは誤ることになる。ケアに憎悪や葛藤が伴うのを避けることはできないことを、われわれはよく知らなければならない。

そしてこのことが、本書の内容に関して評者がわずかながら不満を感じる点に関わっている。本書でも、ケアをめぐるこのような葛藤について述べられていないわけではないが、全体的な論調は、「セルフケアをケアすること」によって理想的なケアの実現が可能であることを思わせるものになっている。実際のケアが大変な困難を伴うというだけにとどまらず、「セルフケアを援助するケア」がはじめから不可能な場合すらあることも、われわれは知らなければならない。植物状態にあって、意識が清明であるにもかかわらず、身体をまったく動かすことができないために、痒い場所をかくことすらできない人、そのことを人に知らせることができない人もいると考えられる。ささいなことに思えるかもしれないが、本人にしてみれば苦痛はかなり大きいであろう。こうした問題について、もう少し言及があってもよかったのではないかと思われる。

もっともこの点はわずかな瑕瑾にすぎず、本書がケアに関する重要な基礎的認識を提供していること、ケアについて考えてゆくための貴重な出発点を示している点はゆるがない。なお念のために言えば、「出発点を示しているにすぎない」と言いたいのではない。「セルフケア」を支援することが「ケア」の本道であるという認識は、ほとんどの人が持っていないと思われるものであり、このことを指摘しているだけでも、本書は十分に大きな意義を有していると言える。よいケアの追求が終わりのない課題だということは、ケアという事象そのものにはじめから備わっている性格であり、本書によってケアに関してすべてが述べ尽くされてはいないといっても、それは本書に落ち度があることを意味してはいない。ケアについて認識を深めてゆく作業は、ケアに関わる者やケアに関心をもつ者がさらに進めてゆかなければならない課題として、われわれに残されていると言えよう。

（ナカニシヤ出版　二〇一六年）

〔書評〕

佐藤啓介著『死者と苦しみの宗教哲学——宗教哲学の現代的可能性——』

鬼頭葉子

本書は、フランス現代思想を基盤としつつ、今後の宗教哲学の可能性を探究してきた筆者が、「死者」と「苦しみ」という観点から提唱する、新たな宗教哲学の幕開けを担う著作である。序章で、筆者の考える宗教哲学は、「現代において宗教哲学は可能なのか?」という問いに始まり、実定宗教において「他なるもの」とみなされてきた神仏に限定されず、動植物や事物、そして死者といった「多様な他なるもの」と、我々の生との関わりを主題とすることが示される。

本書の議論は三部構成で展開される。まず第一部では、多くの実定宗教で問題にされてきた「罪を犯す」人間の悪についてではなく、「悪をこうむる」経験を主眼に論考が進められる。特に第一部第二章で筆者は、「殺された死者たち」を記憶する仕方について、「復讐する能力さえ奪われた」死者との関係を問う。生きている者同士の倫理ではなく、死者との倫理的関係を考察する「法外な倫理」が提示される点に、倫理学的議論についても筆者の挑戦的な試みを見て取れる。

続く第二部では、死者の記憶がなされる公共空間をめぐって、共同体において個々の死がいかに位置づけられるかの議論がなされている。最後の第三部では、神義論の問題が扱われるが、他人による害ではなく、災害などの自然悪をこうむることによる苦しみの経験について、伝統的な神義論と比較しつつ筆者の立場が論じられている。ここでの筆者の立場は、伝統的な神義論が善なる全能の神の正当性を主張することを第一義的な目的としていたのに対し、我々が悪に直面した時、無意味だとわかっていても上げざるを得ない「抗議」の声に着目する「抗議の神義論」を支持するものである。この筆者の立場は、「死者は抗議の声を上げることができるか?」という問いへと深化し、死者を考察する宗教哲学的営みへと戻っていく。

以上、筆者の論点を簡単にまとめて示した。なお本書については、宮嶋俊一氏が『宗教研究』(第九一巻三九〇号)において詳細な内容紹介と網羅的な論評を発表している。本書評と併せ、そちらも是非ご一読いただきたい。そこで評者としては、本書でも筆者自ら「実験的」という第二部「死者の記憶の場を考える」の箇所にクローズアップし、論評を試みたく思う。

筆者は第二部で、「公共空間のなかでの死」が、「公共空間のせいでの死」や「公共空間のための死」へと解釈されてしまう事態について、死者の記憶が、記憶する側のアイデンティティ・ポリティクス(「誰が死者を代理するのかというイニシアティヴ争い」)に陥りがちであることを批判している。この論点には、評者も賛同の意を示したい。共同体が、そこに所属する個人について、その死を共同体のための〝犠牲〟や〝礎〟といった意味付けのうちに閉じ込めようとすることは、実際ままあることで、死を半ば利用する側面もないわけではない。そこで筆者は「死者の記憶が場において立ちあらわれるような可能性」としての「痕跡」という概念を提唱する。筆者によれば「痕跡」とは、「それが指し示すものと指し示されるものとを、物理的因果関係、物理的接触によってのみ結びつけ、しかもそれをはさんで『かつてあった』と『今はもうない』とを不可分に結合させることで二重の時間をまたぐ概念」と定義される。筆者が例示するように、「痕跡」は血痕などのように「それが誰か(ないし何か)の血液である」と理解できる者がいるいないにかかわらず、原因‐結果関係は変わらない」自律的性格を持つ。この痕跡の自律的性格が、「痕跡」は「生者による死者の記憶の代理＝占有」を回避しつつ「記憶の場」として成立するという筆者のロジックの根拠となる。痕跡において成立する「記憶の場」に対し、共同体の権力関係によって左右される大文字の物語の形成に胡散臭さや暴力的なものを見て取る筆者の議論について、評者は賛同しつつも、さらに「痕跡」の共通理解の必要性や可能性(あるいは不可能性)について論じられれば、筆者の主張により説得力が増したのではないかと指摘したい。共同体において、ある「痕跡」がなにものなのか理解が共有されないとしたら、共同体によって痕跡が(故意に、あるいはうっかり）消し去られたり、あるいは風雪に耐えられなかったりという事態が予想されるからである。それも筆者にとっては「死者の記憶を死者に任せる」ことを意味するのだろうか。

評者は二番目に、「死」と「死者」の差異、あるいは連続性の問題について指摘しておきたい。「死」について思索する宗教哲学は、ハイデガー、ジャンケレヴィッチ、デリダ、レヴィナスなど多岐にわたる。また日本哲学では「メメント　モリ」に示されたような〈死の哲学〉を構想した田邊元を挙げることができるだろう。ここで評者は、「死についての思索」と「死者についての思索」を連続的に捉えてよいか、あるいは「死から死者へ」移行する論点について、その経緯を明らかにせずに論じてよいかという問題を提起したい。末木文美士は、著書『他者／死者／私　哲学と宗教のレッスン』（二〇〇七年）の中で、「死者の発見」について述べている。すなわち近代哲学において死が論じられるとしても、あくまで生の限界状況としてであった。生において、自分の死は経験されない。しかし「他者としての〈死者〉との関わり」ならば、我々は生のうちにあっても常に経験している。末木は田邊の〈死の哲学〉を「〈死者論〉を哲学の立場においてはじめて提起したもの」と評価する。末木のこの立場は、筆者の「死者の宗教哲学」と原点を共有するものではないだろうか。筆者が特定宗教に依らない普遍的な宗教哲学の構築を目指すならば、「死者についての思索」における死者への注目それ自体に、日本社会の文化的・宗教的背景の作用が働いていないかどうかも精査することによって（文化的影響を取り除くべきであるということではなく、ある文化的影響を是とするか否かを明白にすることが）、より根源的な宗教哲学の探究が期待されるように思われる。同時に、「死についての思索」における死や、死に向かう存在としての生への着目それ自体にひそむ文化的・宗教的背景を明らかにすることも、より根源的な宗教哲学を模索する上で有用だろう。中でもレヴィナスが『神・死・時間』で論じた「他者」は「死者」を含むのかという問題については、ぜひ筆者の見解を伺いたい。

最後の指摘として、第二部第三章の末尾において筆者が「死者の記憶は死者に任せる」べきであるという自身の主張に関して、「ルカによる福音書」九章六〇節を引用された点に関して述べたい。筆者はこの聖書箇所を、「死者は神によって救済にあずかるのだから、生者が案ずる必要などない」という主旨の言葉として取り上げ、これとは異なる意味で「死者の記憶を死者に任せる」ことを提唱している。しかし多くの註解者は、「その死人を葬ることは、死人に任せておくがよい」との言葉を、「肉体的死者は霊的に死んでいる者（＝肉体的生者）に葬らせよ」と解釈する。またこのテキストがイエスのエルサレム上り（九章五一節〜一九章二七節）のはじめにあたることから、十字架の死に至るイエスに従うこと（K. H. Rengstorf）、そしてイエスの宣教の業に参与すること（H .Marshall）こそが、弟子たる者（そしてルカの読者）にとって極めて切迫した義務であり、死者を葬るという行為をはるかに凌ぐ優先性を持つと解釈される（D. L. Bock, J. B. Green）。すなわちルカにとっては「死者」そのものは論点ではなく、現在生きている者が、弟子としてイエスの宣教に参与することが重要なテーマとなっている。

ここで評者が釈義的な問題を指摘したのは、決して細かな事柄をあげつらうためではない。このテキストの釈義にこそ筆者が提示するような、従来の宗教の言辞を用いずに宗教的な事柄について思索する宗教哲学が、これから踏み越えていくべき地点が明確に示されていると考えるからである。上述の通り、実定宗教の一つであるキリスト教では、死についての思索を巡らせてきた一方、死者についての思索は相対化されてきた（勿論、他の宗教的伝統についても考慮する必要がある）。このように「死者」に敢えて注目してこなかった宗教的伝統もある中で、「死者」に敢えて注目するならば、その「敢えて」の論拠を明らかにする必要があるだろう。そういったプロセスを経ることによって、本書によって提示された宗教哲学のよりラディカルな展開につながると思われる。

（晃洋書房　二〇一七年）

編集後記

三三号も無事に刊行する運びとなりました。今人文系学問の母胎となっている大学の学部・学科の規模縮小や、哲学関係の書籍を刊行している出版社の解散などにより、哲学関係の発信力の低下が危惧される中刊行できたことは、会員の皆様がたのご協力の賜物と思い、感謝申し上げます。これからも、実存思想協会を通して、哲学の思索を発信していきたいと願っています。ご協力をよろしくお願いいたします。

三三号は、『ショーペンハウアーと実存思想』という特集でお届けすることができました。昨年の大会での、「『意志と表象としての世界』刊行二百年――ショーペンハウアー研究の新展開」というタイトルの講演会で、鎌田康男氏と伊藤貴雄氏にご講演を賜りました。お二人からご玉稿をいただき、さらに、本協会の会員の齋藤智志氏と伊原木大祐氏からもご高論をいただくことができ、「ショーペンハウアーと実存思想」というタイトルで特集を組むことができました。執筆者の先生がたには、心より感謝申し上げます。少しその内容を紹介しておきましょう。

まず初めに、鎌田康男氏は、「ショーペンハウアー哲学の誕生とその時代」というタイトルで、かなり挑戦的な主張をされておられます。通常ショーペンハウアーの意志の概念は、「盲目の世界創造者」として位置づけられることが多いのですが、そのような解釈を解体します。ショーペンハウアーの初期の草稿や『根拠律』、『意志と表象としての世界』第一版をもとに、カントやドイツ観念論と対比させつつ、新たな意志概念を呈示します。ショーペンハウアーは、カントの物自体を廃棄して、意志を表象のモデルから解釈しようとした。つまり、意志を経験的意志として経験的実在性の視点だけで理解する自然的態度を超えて、表象概念と並行させて、超越論的観念性の視点で「超越論的意志」を世界認識の可能性の制約として理解していたと解釈します。

第二に伊藤貴雄氏は、「ショーペンハウアー哲学の受容とその時代」というタイトルのもと、まずショーペンハウアーの兵役義務拒否の論理がどのような意志の解釈からでてきているかを探索します。カント、フィヒテ、ヘーゲルの理論と比較検討しながら、国家の役割とは、〈不正の抑止〉という消極的なものとし、そこから兵役義務拒否を主張していた。そのような意志の否定としての「共同体なき共同性」の主張を、「正義」、「共苦」、「禁欲」の概念を検討することによって、詳らかにします。最後に、一九世紀後半と二〇世紀、また二一世紀に入ってからの彼の理論の受容史・批判史を整理します。ショーペンハウアーの意志の哲学から、兵役義務拒否という政治哲学的課題が浮き彫りになりました。

第三には、齋藤智志氏による「ショーペンハウアー哲学は意志形而上学か?」というタイトルの論考です。ここには、鎌田氏の議論の内容をさらに解明する側面があります。とくに実存哲学の源であるディルタイの生の哲学からの、ショーペンハウアーの意志論批判、つまり、意志を形而上学的原理として、盲目的意志として捉えることへの批判を軸にして、再度ショーペンハウアーの意志論を分類して、応えようとします。齋藤氏は、彼の様々な時期の多義的な意志論を整理して、最終的には、意志は意識と関わる超越論的側面をもっており、超越論哲学として形而上学的側面も認められるとし、また、意志を実体として見ることはないと主張します。

最後には、伊原木大祐氏の「意志の中の情感性——ミッシェル・アンリによるショーペンハウアー解釈」という論文が続きます。ショーペンハウアーをフランス現象学者アンリによって読解するとどうなるのかという刺激的な論稿です。アンリの『精神分析の系譜』の中に分析されているショーペンハウアーの意志論の分析を紹介しています。まずは、ハイデガーによるデカルトからニーチェまでの哲学を「主観性の形而上学」として批判する姿勢を再批判して、その「我思う」の中にこれまでの意志論の中では失われてきた始源である、情感性、内在的自己触発、物自体の直接的自己意識を見ていきます。これは解釈学的暴力的読みとも言えますが、ある意味で生産性のある、独創的な解読だとも言えるでしょう。

さて、公募論文には、今回は一五篇の応募がありました。編集委員会の厳正な審査によって、五篇の論文が採択されました。キルケゴール、シェーラー、ガダマー、アーレント、マリオンと多彩な内容となったことは良かったと思っています。今回はいくつかの理由で選外に漏れたものもありますが、それなりの独自の視点を打ち出していた論文もありました。また次の機会に応募していただければと強く願っております。

また書評には、二〇一六年九月から二〇一七年九月までに刊行された学術書の中から、編集委員会の推薦を経て、さらに理事会で、著者や主題の多様性を考慮しながら選考いたしました。その結果、エックハルト、ヤスパース、フッサール、ハイデガー、また、ケアの問題や死者と苦しみの宗教哲学についての六本の書籍を書評することができました。近年は、会員の中でかなりの本が出版されており、すべての書籍を書評することができない状態となっています。

最後になりますが、この出版界の厳しい状況の中では、理想社の宮本純男氏のご理解とご尽力なしには、この論集を継続的に刊行していくことができないことを思います。ここに宮本純男氏に心より厚く御礼申し上げます。

（二〇一八年五月七日　編集委員長　茂　牧人）

実存思想協会のこの一年間の活動（二〇一七年四月から二〇一八年三月まで）

☆第三十三回大会　二〇一七年六月二十四日（土）　会場　成城大学

一　研究発表

A会場

1　ショーペンハウアーの自殺論　学習院大学　田代　嶺

司会　立正大学　板橋　勇仁

2　カッシーラーの哲学における「思想史」の位置付け　上智大学　庄子　綾

司会　法政大学　伊藤　直樹

3　ラカンとカント――悪の否認としての悪――　日本学術振興会　本間　義啓

司会　甲南大学　川口　茂雄

4　プルーストにおける場所的時間　関西大学　酒井　剛

司会　明治大学　三松　幸雄

B会場

1　後期フッサール思想における世代性概念の間文化的展開
――シュタインボックの世代発生的現象学を手掛かりに――　法政大学　関口　貴太

2　マリオンの現象学における〈啓示の現象〉を巡って――現象学と神学との連関の再措定及び、
その解明へと向けた意志の現象学的解釈を中心として
司会　千葉工業大学　吉田　聡
上智大学　石田　寛子

3　アーレントの「政治的生」の解釈学的‐現象学的分析の意義
――ボレンの「世界」概念を手掛かりに――
司会　東京電機大学　本郷　均
法政大学　押山詩緒里

二　会員総会
司会　一橋大学　阿部　里加

三　講演会
テーマ「『意志と表象としての世界』刊行二〇〇年――ショーペンハウアー研究の新展開」
1　ショーペンハウアー哲学の誕生とその時代
――啓蒙主義からフランス革命、そしてドイツ観念論へ
関西学院大学　鎌田　康男

2　ショーペンハウアー哲学の受容とその時代
――世紀末から世界大戦、そして現代へ
創価大学　伊藤　貴雄
司会　杏林大学　齋藤　智志
以上

☆春の研究会　二〇一八年三月十四日（水）　会場　東京大学駒場キャンパス

一　研究発表

1　高貴な道徳の価値評価は道徳批判においてどのような役割を演ずるか
　　中央大学　大山　真樹
　　司会　東京造形大学　山本　恵子

2　西田幾多郎の根本経験
　　山口大学　佐野　之人
　　司会　跡見学園　石井砂母亜

二　シンポジウム

テーマ「明治大正期における日本への哲学の受容」

1　和辻倫理学における「ナラティブ」思想の受容と可能性
　　九州大学　セビリア・アントン

2　明治大正期におけるドイツ哲学の移入
　　上智大学　大橋容一郎

　　司会兼コメンテーター　東京大学　頼住　光子

【事務局報告】

・実存思想協会の会員は、二〇一八年三月現在、四八二名です。
・事務局は、二〇十七年八月から、高千穂大学杉並キャンパス（〒一六八―八五〇八　東京都杉並区大宮二―一九―一　高千穂大学人間科学部　齋藤研究室内）にあります。
・実存思想協会のホームページは、https://jitsuzon.org/ です。入会申込書および研究発表申込書は、ホームページからダウンロードするようお願いいたします。実存思想協会のメールアドレスは、jitsuzonshisou@gmail.com です。
・第二五回大会総会時の決定により、年会費が二〇一〇年度よりA会員七〇〇〇円、B会員四〇〇〇円に改定されました。
・会費納入の郵便振替口座の口座番号と加入者名は、以下のとおりです。
00160-3-359656 実存思想協会
・本論集の編集は、以下の十四名の編集委員が担当しました。茂牧人（委員長）、板橋勇仁、魚住孝至、冲永宜司、梶谷真司、川口茂雄、榊原哲也、陶久明日香、杉村靖彦、竹内綱史、本郷均、森一郎、山本英輔、頼住光子（任期、二〇一七年一一月～二〇一九年一〇月）

【論文応募要領】

・論集第三四号（第二期第二六号）に掲載される論文を、以下のように募集します。
・内　容　実存に関わりのあるもの
・応募資格　実存思想協会会員（ただし、二〇一八年度までの会費が完納されており、原則として応募論文が最近三年間に掲載されていないことを条件とする）
・分　量　表題、氏名、図表、注等を含め、縦書き、一ページ四〇字×三〇行（A４用紙・横長版の印刷設定）でレイアウトして、十二ページ以内。注も、本文と同じ書式・字数の設定で文末にまとめる。
※この規定に反する場合は、原則として不採用となります。
・梗 概 等　表題・氏名を付記した欧文要旨（約一〇〇語、書式は既刊の論集を参照）、およびその日本語訳（論集に掲載するのは欧文要旨のみ）を添付すること。欧文はネイティヴチェック済みであることが望ましい。キーワード（五語以内、和語、欧語いずれでも可）を選んでレジュメ末尾に記すこと。
・締切期日　二〇一八年一二月八日（土）必着
※遅延した場合は、原則として受理しません。御協力下さい。
・送付方法　（一）論文原稿、欧文要旨（およびその日本語訳）とも、電子メールによって添付ファイルで送付してください（ファイルの形式はWord（またはテキスト）とPDFの二つとすること）。実存思想協会のメールアドレスは、jitsuzonshisou@gmail.com です。メールの件名は「実存思想協会応募論文

投稿」としてください。

（二）なお、論文を受け取った場合、必ず受け取りの返信メールをお送りしますので、締切日数日後までに返信がない場合は、再度事務局宛にご連絡頂きますようお願いいたします。

・研究倫理に関する注意

既刊の翻訳や著作を参照または引用した場合には、その旨を注または付記などにおいて明記すること。

以上

実存思想協会規約

第一章　名称、目的および事業

一　本会は実存思想協会と称する。

二　本会は実存思想の研究を進め、その発展をはかることをもって目的とする。

三　本会は前項の目的を達成するために左の事業を行う。

1　会報および研究業績の編集発行　　2　研究会および講演会の開催

3　実存思想に関する文献の翻訳紹介　　4　その他本会の目的達成に必要な事業

第二章　会員および会費

四　本会はつぎの二種類の会員により構成される。入会は理事会の承認を必要とする。

1　A会員　年会費　七〇〇〇円を納める。

2　B会員　年会費　四〇〇〇円を納める。

（大学院生ならびにこれに準ずる者がB会員になりうる。）

五　会員は本会主催の研究会に出席発表できるほか、機関誌の配布を受け、また、これに投稿することができる。但し、機関誌への発表に際しての採否は理事会において決定する。

第三章　役員

六　本会に左の役員をおく。

1　理事　若干名　　2　幹事　若干名

3　編集委員　若干名　　4　会計監査　二名

七　理事は会員のなかから選出され、理事会を構成し、本会の事業、経理その他一切の会務に対する責任を負う。理事の選出は選挙細則による。

八　幹事は理事会によって選出され、その委嘱を受けて、幹事会を構成し、本会の事業等の遂行にあたる。その任務は協会運営細則による。

九　編集委員は理事会によって選出され、編集委員会を構成し、機関誌の編集発行に従事する。機関誌の編集発行に関しては協会運営細則による。

十　会計監査は会員のなかから選出され、年一回会計を監査する。会計監査は他の役員を兼ねることができない。会計監査の選出は選挙細則による。

十一　役員の任期は二年とし、重任をさまたげない。但し会計監査の重任は一回かぎり（最長四年）とする。

十二　本会に顧問をおくことができる。顧問は理事の推薦によるものであり、理事会の諮問に応ずる。原則として永年本会の運営発展に尽力した会員から推薦される。

第四章　総会

十三　総会は年一回定期的に開催し、その他必要に応じて理事会の決議によって臨時に開くことができる。総会は会の活動の根本方針を決定し、会員のなかから役員を選出する。また総会は一般報告並びに会計報告を受ける。

第五章　財政

十四　本会の経費は諸会費および寄附金によりこれをまかなう。

第六章　事務局および支部

十五　本会は事務局をおく。事務局は理事会の委嘱による。

十六　本会の事務局の所在地は本会の所在地と同じである。

十七　本会は必要に応じて各大学または地方に支部を設置する。

第七章

十八　本規約は理事会の決議をへて変更することができる。但し総会の承認を必要とする。

付則　(1)　この規約は一九八五年一〇月九日より施行する。

(2) 改正規約は一九八八年六月一二日より施行する。
(3) 改正規約は二〇〇六年六月十七日より施行する。
(4) 改正規約は二〇一〇年四月一日より施行する。
(5) 改正規約は二〇一五年六月二七日より施行する。

実存思想協会運営細則

第一章　入会および会費の納入

1 会費は、原則として、年度初めに納入する。本会の会計年度は、四月一日に始まり、翌年三月三一日に終わる。
2 新入会員は、年度の上半期に入会を承認された場合には、その年度の会費を納入し、論集の配布を受ける。下半期に入会を承認された場合は、次年度より会費を納入し、論集も次年度より配布される。
3 退会する場合には、原則として、退会を申し出た年度までの会費を完納していなければならない。
(1) 前文の規定にもかかわらず、長期滞納者は、三年分の会費納入によって退会することができる。
4 前年度までの会費が完納されていない会員には、論集を配布しない。
5 会費滞納三年を越える会員には、会の運営に関する連絡を行わない。

第二章　役員の選出と任務

1 理事会は互選によって理事長を選出する。理事長は、本会を代表し、また理事会を召集する。
2 幹事会は、理事会の決定にしたがい、総務、会計、大会および研究会の運営、論集の配布など、本会の事業の遂行にあたる。幹事長は理事会の委嘱による。
3 編集委員は理事の委嘱による。幹事長は編集委員会に出席することができる。

第三章　機関誌の編集・発行

1　本会は、『実存思想論集』を年一冊発行する。
2　編集委員会は、編集方針にしたがい、論文の執筆を依頼する。
3　会員は、論文募集要領にしたがい、応募することができる。
(1)　但し、当該年度までの会費を完納していない者は、論文応募資格を失う。
4　編集委員は、応募論文を審査し、掲載の可否を決定する。

第四章　会員の慶弔

1　本会は、規約第一章により研究を目的とする団体であり、会員の慶弔に関する支出は、原則として、これを行わない。

付則

1　本細則の改変は、理事会の決定を経て、総会の承認を必要とする。
2　本細則は一九九六年六月二二日より施行する。
3　改正細則は二〇一七年六月二四日より施行する。

実存思想協会理事会・会計監査選挙細則

第一条　理事・会計監査は無記名・連記により、郵送投票によって選出する。
すなわち、会員は所定の用紙に、
1　選出しようとする理事の氏名一五名まで

2　選出しようとする会計監査の氏名二名を記入して投票することができる。
第二条　持参投票の場合は、総会当日、指定の時刻までに、指定の場所で行うことができる。
第三条　同一人が理事と会計監査に当選した場合は、理事として当選したものとする。
第四条　1　理事会で選挙管理委員長を任命する。
2　任命された選挙管理委員長は、選挙管理委員若干名を委嘱するものとする。
3　選挙管理委員長は、新理事当選者を大会時に公示するとともに、選挙結果を新理事会に提出する。
第五条　1　選挙によって選出する理事の人数は一五名とする。
2　選挙の結果、理事当選者の得票数が同数で、総数が一五名を越えて決定しがたい場合、選挙管理委員会は、当該者から抽選で理事を決定する。
第六条　新理事会の推薦によって、事務局担当理事を含む理事を五名まで、選出することができる。
第七条　会費滞納三年を越える会員は、投票できない。
第八条　1　選挙によって選出する会計監査の人数は、二名とする。
2　選挙によって、会計監査を選出することができる。
付則　1　本則の改変は、理事会の決定を経るものとする。
2　この細則は一九九六年一二月一五日より施行する。
3　改正細則は二〇一五年一〇月一八日より施行する。
4　改正細則は二〇一六年六月二五日より施行する。

実存思想論集XXXIII（第二期第二五号）『ショーペンハウアーと実存思想』

2018年7月5日　第1版第1刷発行

編　集　実存思想協会
発行者　宮　本　純　男

発行所　株式会社理想社
千葉県松戸市稔台2-58-2
TEL　047-366-8003
FAX　047-360-7301

ISBN978-4-650-00313-0 C3010
製作協力　モリモト印刷株式会社

JITSUZONSHISO-RONSHU

ANNALS OF EXISTENTIAL THOUGHT No. XXXIII (Vol. 2, No. 25) 2018

Schopenhauer and Existential Thought

CONTENTS

Edited by The Japan Society of Existential Thought

The Genesis of Schopenhauer's Philosophy and its Age

Yasuo KAMATA

This paper attempts to demonstrate the radical change in Schopenhauer research that has taken place in recent decades.

Schopenhauer's "will" is a metaphysical principle of the world, such as an unconscious drive or irrational God - this traditional interpretation has been widely accepted since the late 19th century, by Eduard von Hartmann, Friedrich Nietzsche and Sigmund Freud, to give a few prominent examples. This interpretation, however, found a number of insoluble problems and contradictions.

Schopenhauer himself understood his philosophy as a *thinking through* of Kantian philosophy to its ultimate consequences. It is therefore necessary to reconstruct the young Schopenhauer's fundamental concepts: will, representation, body and Platonic Idea with regard to the Kantian and German idealistic philosophy. This paper is based mainly on Schopenhauer's *Manuscript Remains*, *On the fourfold Roots of the Principle of Sufficient Reason* (1st edition, 1813), *The World as Will and Representation* (1st edition, 1819).

Schopenhauer's Reception in a Political Context

Takao ITO

It has often been understood that Schopenhauer took an apolitical stance in his philosophy. However, the avoidance of his direct involvement in politics does not necessarily mean that he was indifferent to politics. Rather, if one is totally indifferent to a subject, the idea of keeping oneself away from it will never arise in the first place. In that case, what sort of interest did he have in the subject of politics? If there is such a thing as a political thought in his philosophy, what sort of argument did he present? What sort of historical significance could it have in the contemporary world? Answering these questions is the aim of this paper. In this paper, Schopenhauer is reinterpreted in order to clarify the significance and the influencehe he had in the history of social thought by putting him back to the philosophical environment (i.e. German idealism) and the historical environment (i.e. German society at the beginning of the nineteenth century). Through this process, the author hopes that Schopenhauer's philosophy will be revived not only in the history of social philosophy but also in the contemporary political context, for example the recent discussions on the Constitution of Japan.

Ist die Philosophie Schopenhauers die Willensmetaphysik?

Satoshi SAITOH

Diltheys Kritik über die Willenstheorie Schopenhauers ist sozusagen das Muster des traditionellen und typischen Mißverständnises für die Philosophie Schopenhauers. Durch die Untersuchung dieser Kritik auf die Frage, ob die Philosophie Schopenhauers die Willensmetaphysik ist, zu antworten — das ist das Ziel dieser Abhandlung.

Dilthey kritisiert die Willenstheorie Schopenhauers in folgenden Punkten: (1) die Amphibolie des Verhältnises zwischen dem metaphysischen Willen und dem psychologischen Willen; (2) der Widerspruch der Lehre von der Verneinung des Willens. Nach meiner Meinung ist (1) die unrichtige Kritik, die wegen der Unzulänglichkeit der Zerlegung des vieldeutigen Willensbegriffs Schopenhauers entsteht, und ist auch (2) die unrichtige Kritik, die wegen des Übersehens der folgenden zwei Tatsachen entsteht; a) die Tatsache, daß Schopenhauer das Dasein einer Willenssubstanz nicht behauptet: b) die Tatsache, daß die Verneinung des Willens nur das Einhalten der Willenswirkung als der transzendentalen Bedingung bedeutet.

Aufgrund dieser Untersuchung können wir auf jene Frage antworten. Erstens ist die Antwort „Ja", wenn man das Wort »metaphysisch« als »transzendental« auslegt. Zweitens dürfen wir die Naturphilosophie Schopenhauers, die in einer anderen Phase als der transzendentalphilosophischen Betrachtung ausgeführt ist, die Willensmetaphysik nennen, aber wenn man die Beschränkung, die der Naturphilosophie zugefügt ist, übersieht, und gerade den in dieser geerörterten Willen für die Wesenheit der Willenstheorie Schopenhauers hält, ist diese Ansicht das Mißverständnis.

Affectivity in the Will
— Michel Henry's Interpretation of Schopenhauer —

Daisuke IBARAGI

In contrast with Hegel, Schopenhauer has been considered a philosopher of minor importance by French phenomenological thinkers; none of them described him as "one of the most important philosophers in our history" except Michel Henry. The main objective of this paper is to examine closely Henry's reading of Schopenhauer in *The Genealogy of Psychoanalysis*, which will contribute to a phenomenological understanding of the Will as thing-in-itself. According to Henry, Schopenhauer's account of the will remains ambiguous in that its inner knowledge turns out to be related to the form of representation in spite of having been regarded as "immediate" and "without any form." Criticizing the function of setting-before of representation (*Vorstellung*), Henry attempted to extract from the will what reveals itself to itself without mediation: affectivity, or the original self-feeling by self.

On Development of the Idea of "Repetition" in Kierkegaard's Thought

Takaya SUTO

The idea of "repetition" figures throughout Kierkegaard's philosophy. He developed this idea not only in a series of his previous works but also in later ones. In *Postscript* "repetition" took on the meaning of repetitive reconstruction of existence in the context of the discussion about the endlessness of cultivating existence. In his later period, Kierkegaard developed the idea of this second ethics as the neighbor love based on Christian faith. The central task there was to imitate Christ. In this way, Kierkegaard's thought on repetition resulted in the discussion regarding the importance of repetitively taking up the challenge facing difficult tasks.

Zum Problem der Wahrnehmung des Geistes des anderen
— Ein Versuch zum einheitlichen Verständnis von zwei Thesen in Max Schelers Theorie der Fremdwahrnehmung —

Riku YOKOYAMA

Der vorliegende Aufsatz zielt darauf ab, Max Schelers zwei Thesen in seiner Theorie der Fremdwahrnehmung einheitlich zu interpretieren, um diese als soziale Erkenntnistheorie aufzufassen. Der Aufsatz beschäftigt sich zuerst damit, zu verdeutlichen, dass seine erste These von der unmittelbaren Wahrnehmung des Geistes des anderen das Moment der Interpretation seines psychischen Erlebnisses nicht ausschließt. Darauf aufbauend versucht der Aufsatz, Schelers zweite These vom Ich-Du indifferenten Erlebnisstrom als einen Mechanismus aufzufassen, die Art und Weise der Interpretation des psychischen Erlebnisses auf der sozialen Ebene miteinander zu teilen. Schließlich ergibt der Aufsatz, dass die Bedeutsamkeit von Schelers Theorie der Fremdwahrnehmung als soziale Erkenntnistheorie darin besteht, dass sie die Normativität der Gefühle erklären kann. Das ermöglicht uns, Schelers Phänomenologie der Sympathie im Kontext der gegenwärtigen Sozialphilsophie bzw. der Ethik neu zu interpretieren.

Das Denken über ›das Spekulative‹ bei Hegel und Gadamer

— Dialektischer Horizont in der philosophischen Hermeneutik —

Kenta KODAIRA

Für Gadamer, der Heideggers Ontologie mit der Veröffentlichung des ›Wahrheit und Methode‹ übernahm und damit als eine der treibenden Kräfte des Denkens im 20. Jahrhunderts unter dem Namen der „philosophischen Hermeneutik“ dienen sollte, stellt die Problematik der Dialektik ein Sachverhalt dar, der bereits in der frühen Phase seines Denkens in großem Maße hinterfragt wurde. Die seit langem unter dieser Fragestellung ausgeführte Deutung Gadamers zu dem Werk von Hegel wird auch in ›Wahrheit und Methode‹ kontinuierlich fortgeführt und trägt damit in vielerlei Hinsichtzur Universalisierung der hermeneutischen Problematik bei. Auch in einer Reihe von Abhandlungen über Hegel im Zeitraum von 1960 und 1970 macht sich dieser Einfluss geltend. Gegenstand der vorliegenden Arbeit ist, wie sich die Hegelsche Philosophie, die im Versuch der philosophischen Hermeneutik in ›Wahrheit und Methode‹ Gestalt annimt, ausgebildet hat, indem insbesonders auf die Deutung von Hegels Philosophie durch Gadamer eingegangen wird. Ziel dieser Arbeit soll es sein, in der Spannungsbeziehung zwischen Differenz und Affinität zu Hegels Philosophie die sprach-philosophische Entwicklung der philosophischen Hermeneutik von Gadamer zu bestimmen.

Unfähigkeit als „Stolperstein" zur Verhinderung der automatischen Funktion des Gewissens

— Augustinus-philosophische Interpretation von Arendt und Jaspers —

Rika ABE

Arendts Konzept der „Unfähigkeit" (impotentia) impliziert die innere Spaltung zwischen *velle* und *posse* (Wille und Handeln) im Sinne von Augustinus. Die Trennung von Wille und Handeln bedeutet die Unmöglichkeit, durch den Wille zu handeln. Jaspers betont auch „Ohnmacht" als innere Spaltung sowie „Schwäche", „Scheitern", „Betroffensein" und erklärt darüber hinaus den Begriff „Gewissensprüfung". Aber durch die Kraft des „Selbstseins" kann Wille zu Handeln und Verwirklichung führen, weil er nicht zwischen innerem Handeln und „Selbsttäuschung" unterscheidet. Im Gegensatz dazu zeigt „Unfähigkeit" nach Arendt die Grenzen des Handelns auf und weist auf den „Stolperstein" *skandalon* hin, um die automatische Funktion des Gewissens zu verhindern. Folglich bedeutet „Unfähigkeit" nach Arendt eine wichtige innere Widerstandskraft gegen die Welt, das öffentliche Leben und das Böse.

Le phénomène de révélation à la phénoménologie de Jean-Luc Marion

— l'origine phénoménologique de «croire » —

Hiroko ISHIDA

Comment Dieu intervienne à l'espace phénoménologique? Dans son ouvrage *Étant donné*, Marion dit que le phénomène de révélation *se* donne comme la dernière possibilié de la phénoménologie. Pour montrer l'origine phénoménologique de «croire», nous envisageons la structure de problème de la venue de Dieu, à travers la recherche de lieu de révélation à la phénoménologie. Nous éclaircissons que l'immanence est le plan de pré-phénoménalité avant *Je*, et non l'effectivité mais la possibilité de révélation peut intervenir dans ce plan qui est mobilisé par la dernière instance, i.e. donation, pour laisser le phénomène *se* montrer: ce qui signifie que ce phénomène est acceptable pour tout l'homme. Nous confirmons, montrant que c'est phénoménologie qui interprète le terme théologique (ex. réssurection) comme phénomène de donation de soi-même, que la phénoménologie ouvre la possibilité universelle de révélation au plan de l'immanence, avant *Je*, sans la religion. C'est l'origine phénoménologique de «croire».